10 LÍDERES QUE MUDARAM O MUNDO

Clive Gifford

Ilustrações
David Cousens

Tradução
Ricardo Peres

1ª edição

FTD

São Paulo – 2010

Copyright da edição brasileira © Editora FTD S.A., 2010
Todos os direitos reservados à
EDITORA FTD S.A.
Matriz: Rua Rui Barbosa, 156 – Bela Vista – São Paulo – SP
CEP 01326-010 – Tel. (0-XX-11) 3598-6000
Caixa Postal 65149 – CEP da Caixa Postal 01390-970
Internet: www.ftd.com.br
E-mail: projetos@ftd.com.br

10 Leaders Who Changed the World
First published in 2008 by Kingfisher
an imprint of Macmillan Children's Books
a division of Macmillan Publishers Limited
Copyright © Macmillan Children's Books 2008
ISBN 978-0-7534-1536-8

Diretora editorial	Silmara Sapiense Vespasiano
Editora	Ceciliany Alves
Editora assistente	Eliana Bighetti Pinheiro
Assistente de produção	Lilia Pires
Assistente editorial	Tássia Regiane Silvestre de Oliveira
Preparadora	Maria Clara Barcellos Fontanella
Revisora	Regina C. Barrozo
Revisão técnica	Andrea Bolanho
Coordenador de produção editorial	Caio Leandro Rios
Edição de arte	Andréia Crema
Diagramação	Cítara Editora Ltda., Luis Vassallo, Sheila Moraes Ribeiro
Gerente de pré-impressão	Reginaldo Soares Damasceno

Clive Gifford é um autor premiado que já escreveu mais de 100 livros.

Dados Internacionais de Catalogação na Publicação (CIP)
(Câmara Brasileira do Livro, SP, Brasil)

Gifford, Clive
   10 líderes que mudaram o mundo / Clive Gifford; [ilustrador] David Cousens; tradução Ricardo Peres. – 1. ed. – São Paulo: FTD, 2010.

   Título original: 10 leaders who changed the world.
   ISBN 978-0-7534-1536-8 (ed. original)
   ISBN 978-85-322-7445-8

   1. Chefes de Estado – Biografia – Literatura juvenil 2. Literatura juvenil I. Cousens, David. II. Título.

10-08096   CDD-028.5

Índices para catálogo sistemático:
1. Chefes de Estado: Biografia: Literatura juvenil   028.5

Mohandas Gandhi

Mao Tsé-Tung

Franklin Delano Roosevelt

Sumário

Mohandas Gandhi	4
Winston Churchill	10
Charles de Gaulle	16
Franklin Delano Roosevelt	20
Mao Tsé-Tung	26
Josef Stalin	32
Adolf Hitler	38
Mikhail Gorbachev	44
Fidel Castro	48
Nelson Mandela	54
Outros líderes famosos	60
Glossário	62
Índice	64

Winston Churchill

Mohandas Gandhi

Seis de abril de 1930. Em Dandi, na Índia, um homem pequeno, de 60 anos, vestindo *dhot*, um traje tradicional masculino indiano, estava sentado à beira-mar com uma das mãos cheia de sal. Três semanas antes, ele e outras 78 pessoas tinham iniciado uma caminhada de 380 km saindo de Sabarmati. Seu simples gesto de pegar o sal com as mãos foi observado por milhares de pessoas.

Em um país governado – às vezes brutalmente – pelos britânicos, Mohandas Gandhi acabava de violar a lei.

Não era permitido a nenhum indiano obter seu próprio sal. Gandhi encorajou outros a fazer o mesmo que ele. Por causa disso, pouco tempo depois, mais de 50 mil pessoas foram detidas pelas forças britânicas, incluindo ele, que continuaria protestando pacificamente até que sua amada Índia conquistasse a independência.

Gandhi nasceu em Porbandar, na costa ocidental da Índia. Quando tinha 7 anos, seu pai tornou-se *diwan* (primeiro-ministro). Gandhi cresceu rodeado de conforto.

Gandhi protestava contra o imposto britânico do sal. Os indianos eram proibidos de obter o próprio sal, tanto da costa do lago quanto do mar. Eles eram forçados a comprar sal pagando muito caro, mesmo sem condições para isso.

Gandhi casou-se com Kasturba Makanji, quando eles tinham apenas 13 anos, em um matrimônio arranjado.

Mohandas Gandhi (1869-1948)

A mãe de Gandhi era uma hindu devota, que muitas vezes jejuava como prática de sua religião. Gandhi foi uma criança tímida e um estudante médio, com a caligrafia desordenada. Quando tinha 16 anos, seu pai morreu. Contra a vontade de sua mãe, viajou sete semanas por mar para habilitar-se como advogado em Londres. Sua esposa e filho, ainda pequeno, ficaram na Índia.

Gandhi tentou acostumar-se com as roupas britânicas da época. Ele estudou violino, dança, francês e fez aulas de oratória.

Mas sofria com a saudade de casa e com a solidão. Finalmente, encontrou pessoas que tinham as mesmas opiniões que ele na Sociedade Vegetariana de Londres e entre os Teósofos, um grupo que tentava encontrar conexões entre todas as religiões do mundo.

Nesse período ele leu a Bíblia e o poema épico hindu, *Bhagavad Gita*, pela primeira vez.

Gandhi atravessou um período de rebeldia quando era adolescente. Ele cometia pequenos delitos e desafiava sua família vegetariana comendo carne.

A vida de estudante em Londres era muito estranha para Gandhi (embaixo à esquerda). Ele achava difícil até comer com garfo e faca. Depois de um período inicial de extravagâncias, descobriu que era mais feliz levando uma vida simples.

Em 1891, depois que terminou a faculdade de Direito, Gandhi retornou à Índia, mas só ficou dois anos. Sua mãe morrera durante sua ausência e ele teve dificuldade para encontrar emprego.

Finalmente conseguiu um emprego na área jurídica em uma companhia indiana na África do Sul. Até então, Gandhi levava uma vida relativamente privilegiada como membro da classe média indiana. Na África do Sul, ele ficou surpreso em ver que os 65 mil imigrantes indianos que viviam no país eram tratados como cidadãos de segunda classe. Ele planejava viver lá apenas por um ano, mas ficou 20.

O tempo que Gandhi passou na África do Sul foi cheio de incidentes. Sua família foi morar com ele em 1897. Ele abriu seu próprio escritório de advocacia em Joanesburgo; formou um grupo com aproximadamente 1 100 voluntários para ajudar a salvar vidas durante a Guerra Bôer, fundou um jornal de notícias chamado *Opinião Indiana* e um *ashram* (uma comunidade espiritual).

Em um trem indo para Pretória, em 1893, Gandhi foi retirado de um vagão de primeira classe simplesmente porque não era branco.

Gandhi passou a noite tremendo de frio na estação de Pietermaritzburg.

Depois, ele foi espancado pelo condutor de uma carruagem que não o deixou entrar. Gandhi ficou chocado com essa reação. Depois disso ele perdeu a timidez e começou a lutar pelos direitos dos indianos.

Gandhi desenvolveu um modo de protestar sem violência, chamado *satyagraha* – "verdade e firmeza", em sânscrito. Ele foi atacado e preso muitas vezes, o que só aumentou sua determinação. Milhares de indianos reuniram-se para defender seus direitos, marchando pacificamente ou recusando-se a obedecer leis injustas. Em 1914, o governo sul-africano cedeu a algumas de suas exigências.

Em 1910, Gandhi fundou a fazenda Tolstoi. Lá, os indianos trabalhavam juntos para serem autossuficientes e Gandhi viveu da maneira mais simples possível.

Mohandas Gandhi (1869-1948)   7

Gandhi voltou à Índia em 1915. Com exceção de uma viagem a Londres em 1931, nunca mais saiu de seu país. Depois da Primeira Guerra Mundial, ele se tornou líder do INC – Indian National Congress (Congresso Nacional Indiano) e viajou por todo o país encorajando os indianos a juntarem-se às campanhas de não cooperação contra o domínio britânico.

Milhares juntaram-se às campanhas de não cooperação de Gandhi, queimando e boicotando mercadorias, deixando de ir às escolas e aos empregos britânicos.

Em 1919, a lei Rowlett deu poderes de emergência aos britânicos na Índia. Um protesto contra eles na cidade sagrada de Sikh, em Amritsar, transformou-se em um banho de sangue. As tropas britânicas mataram ou feriram mais de 1 500 pessoas.

Milhares de indianos foram detidos. Em 1922, o próprio Gandhi foi condenado a seis anos de prisão, mas foi posto em liberdade dois anos depois. Parecia ter deixado a política, mas estava ocupado tentando melhorar as relações entre hindus e muçulmanos na Índia. Muitos achavam que ele era um santo e começaram a chamá-lo *Mahatma*, que significa "grande alma" em sânscrito.

Gandhi voltou a Londres em 1931 e lá ficou por três meses discutindo sobre o futuro da Índia. Quatro anos depois, os britânicos permitiram que os indianos tivessem algum controle no governo de seu país.

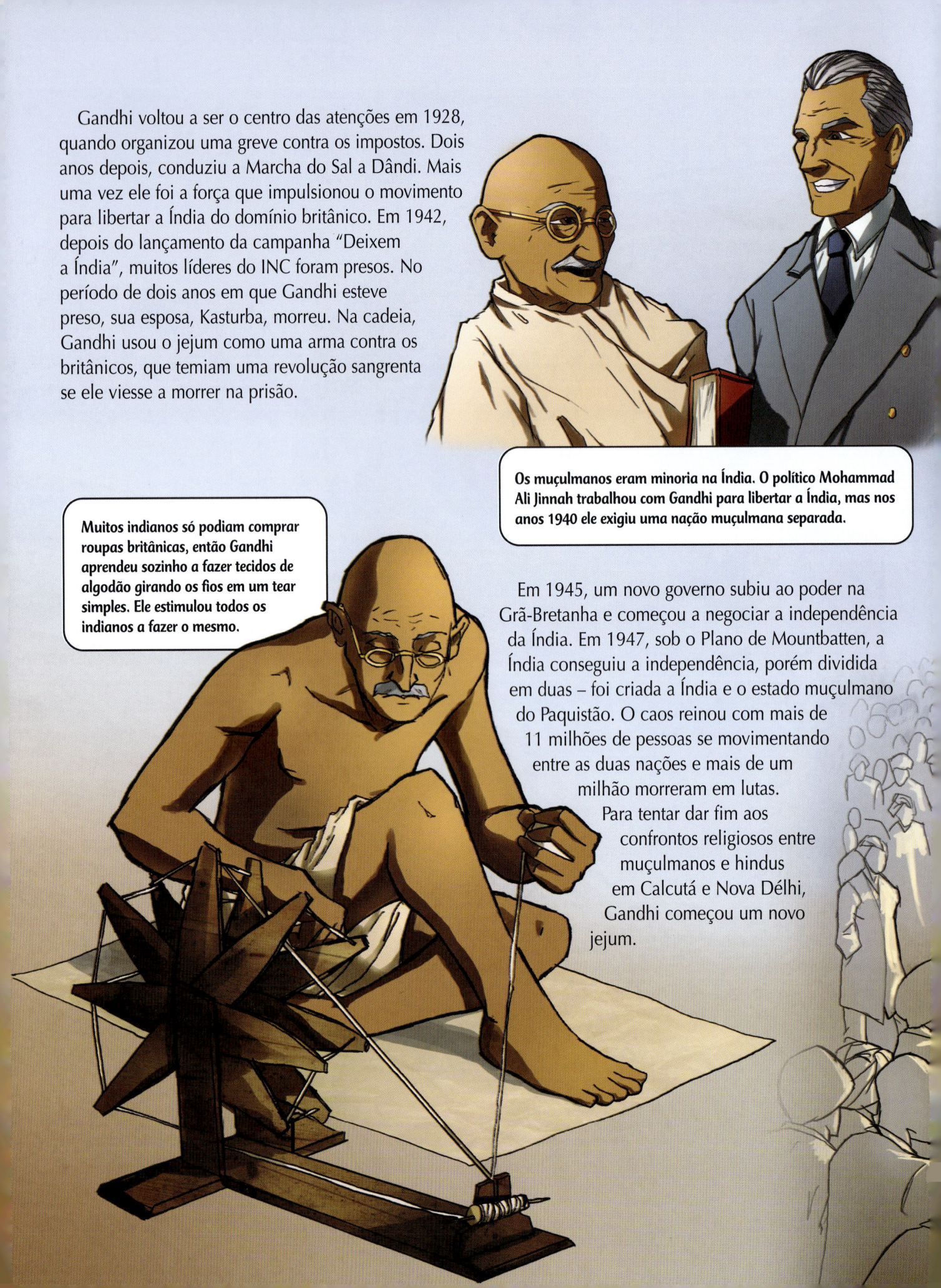

Gandhi voltou a ser o centro das atenções em 1928, quando organizou uma greve contra os impostos. Dois anos depois, conduziu a Marcha do Sal a Dândi. Mais uma vez ele foi a força que impulsionou o movimento para libertar a Índia do domínio britânico. Em 1942, depois do lançamento da campanha "Deixem a Índia", muitos líderes do INC foram presos. No período de dois anos em que Gandhi esteve preso, sua esposa, Kasturba, morreu. Na cadeia, Gandhi usou o jejum como uma arma contra os britânicos, que temiam uma revolução sangrenta se ele viesse a morrer na prisão.

Os muçulmanos eram minoria na Índia. O político Mohammad Ali Jinnah trabalhou com Gandhi para libertar a Índia, mas nos anos 1940 ele exigiu uma nação muçulmana separada.

Muitos indianos só podiam comprar roupas britânicas, então Gandhi aprendeu sozinho a fazer tecidos de algodão girando os fios em um tear simples. Ele estimulou todos os indianos a fazer o mesmo.

Em 1945, um novo governo subiu ao poder na Grã-Bretanha e começou a negociar a independência da Índia. Em 1947, sob o Plano de Mountbatten, a Índia conseguiu a independência, porém dividida em duas – foi criada a Índia e o estado muçulmano do Paquistão. O caos reinou com mais de 11 milhões de pessoas se movimentando entre as duas nações e mais de um milhão morreram em lutas. Para tentar dar fim aos confrontos religiosos entre muçulmanos e hindus em Calcutá e Nova Délhi, Gandhi começou um novo jejum.

Mohandas Gandhi (1869-1948)

Em janeiro de 1948, 12 dias depois de ter terminado um jejum, Gandhi estava fraco. Ele foi rezar na Casa Birla, em Nova Délhi, acompanhado por suas sobrinhas-netas Manu e Abha. Cerca de 500 pessoas deveriam encontrá-lo lá, inclusive Nathuram Godse, um extremista hindu que acreditava que Gandhi era muito compreensivo com os muçulmanos. À queima-roupa, Godse disparou três tiros em Gandhi. O Mahatma caiu inconsciente. Minutos depois ele estava morto.

Os ensinamentos de Gandhi e sua vida serviram de inspiração a muitos defensores dos direitos humanos, de Nelson Mandela ao líder de direitos civis, o americano Martin Luther King. O próprio Gandhi afirmou que não tinha nada de santo, era somente um homem comum que tinha falhado em muitos dos seus objetivos. Mas milhões de pessoas hoje o reverenciam como uma figura sagrada e o pai da Índia moderna.

> Nathuram Godse disparou em Gandhi porque achava que o Mahatma tinha traído os hindus. Uma bomba tinha explodido dias antes na Casa Birla, mas Gandhi recusou segurança extra para ir até lá.

> Mais de um milhão de pessoas compareceram ao funeral de Mohandas Gandhi. A pira funerária queimou durante 14 horas e suas cinzas foram divididas e espalhadas nos principais rios da Índia.

> **LIFE LINK**
> Um dos oponentes mais diretos de Gandhi foi Winston Churchill, que queria manter a Índia sob o domínio britânico. Durante a Segunda Guerra Mundial, quando Gandhi esteve em greve de fome na prisão, os ministros britânicos tiveram que convencer Churchill a libertar Gandhi e não o deixar morrer.

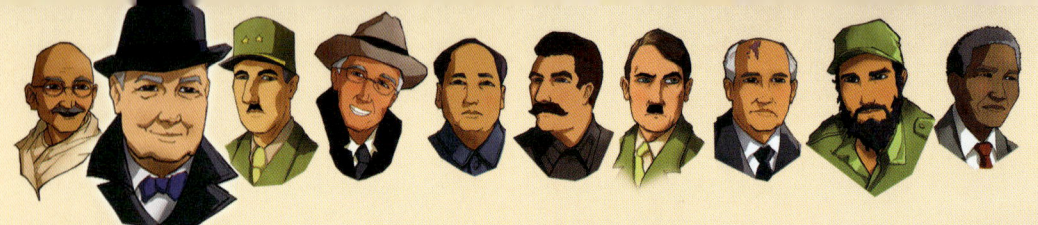

Winston Churchill

Dezembro de 1899. Winston Churchill estava no fundo de uma mina e esperava que os ratos ficassem afastados. Dias antes, ele pulou a cerca de uma prisão, caminhou ao longo de uma linha ferroviária, saltou a bordo de um trem em movimento e se escondeu embaixo de uma pilha de sacos sujos de carvão para evitar ser capturado. Ele conheceu, por acaso, um engenheiro britânico, que o levou para dentro da mina para escapar dos soldados boêres que vasculhavam o terreno acima dele.

Tinha sido um ano marcante para um jovem de 25 anos. Antes de ir à África do Sul para trabalhar como jornalista na Guerra Bôer, Churchill demitiu-se do exército britânico e tentou, sem sucesso, tornar-se membro do parlamento (MP) no nordeste da Inglaterra. Depois de sua captura pelo boêres, sem mapa ou bússola, ele rapidamente escapou. Em 21 de dezembro, já em segurança na costa africana, relatou a história de sua fuga – uma perigosa caminhada de mais de 400 km.

Os bôeres eram colonizadores holandeses que lutavam contra o domínio britânico. Em 15 de novembro de 1899 eles atacaram, de tocaia, um trem do exército britânico. Churchill (na página seguinte, à direita) salvou muitos soldados feridos e tentou entrar em um trem em movimento, mas foi capturado e levado para a prisão.

Quando menino, Churchill passava horas criando batalhas com seus soldados de brinquedo. Seu pai era político e sua mãe, filha de um milionário americano. Eles eram muito ocupados e não tinham tempo para passar com seu jovem filho.

Churchill nasceu em uma família rica, mas foi um aluno rebelde. Ele passou nos exames da escola militar na terceira tentativa, mas não conseguiu entrar para a infantaria por causa de suas notas baixas. Ele treinou para ser cavaleiro e praticou polo com tal entusiasmo que implorou para sua mãe lhe dar dinheiro para comprar um estábulo de cavalos de polo.

Winston Churchill (1874-1965) 11

Churchill foi um bom jogador de polo. Sua última partida foi em 1927, aos 52 anos de idade.

Entre 1895 e 1898 Churchill participou de três campanhas militares, cada uma em um continente diferente. Ele viajou para Cuba com as forças espanholas e também serviu na Índia e no Sudão. Para ganhar dinheiro extra, trabalhou como repórter de guerra durante as três campanhas. Em 1899, publicou seu primeiro romance.

Em 1898 Churchill fez parte de uma das últimas tropas da cavalaria britânica na batalha de Omdurman, no Sudão.

Em 1900, quando voltou à Grã-Bretanha, depois de ter escapado dos bôeres, Churchill conseguiu tornar-se membro do parlamento. Esse foi o começo de uma carreira política que duraria seis décadas. Seis anos depois, entrou para o governo como Subsecretário de Estado para as Colônias e em 1910 tornou-se Ministro do Interior. Churchill tinha entrado para a Marinha Real quando a Primeira Guerra Mundial começou.

Churchill foi um dos primeiros líderes a perceber que o avião poderia ser útil durante uma guerra. Ele ajudou a formar o Serviço Aéreo Naval Real em 1912 e até teve aulas de voo antes da Primeira Guerra Mundial.

Em 1915 a carreira de Churchill foi ameaçada depois da desastrosa derrota de Gallipoli. Ele retornou ao exército para servir nas trincheiras do norte da França, até que, em 1917, foi reconvocado pelo governo. Depois de trocar o Partido Liberal pelo Partido Conservador, tornou-se chanceler do tesouro público e foi responsável pela economia da Grã-Bretanha entre 1924 e 1929.

Em 1915, mais de 200 mil soldados, muitos da Austrália e da Nova Zelândia, morreram nas batalhas em Gallipoli, na costa da Turquia. Churchill renuncia.

Nos anos 1930 Churchill estava em uma briga política. Ele ainda era membro do parlamento, mas o seu partido estava fora do poder. Era ridicularizado por apoiar o domínio britânico na Índia e por alertar para os perigos da Alemanha nazista de Adolf Hitler. Churchill criticou o governo britânico por ceder às exigências da Alemanha para evitar a guerra – uma política conhecida como apaziguamento.

Winston Churchill (1874-1965) 13

Em 3 de setembro de 1939, depois da invasão alemã na Polônia, a Grã-Bretanha declarou guerra à Alemanha. Em novembro, Churchill assumiu o comando da Marinha Real. Seis meses depois, Neville Chamberlain renunciou ao cargo de primeiro-ministro e Churchill foi escolhido para conduzir um governo para tempo de guerra composto por todos os principais partidos políticos. Ele tinha 65 anos, e seu país enfrentava um dos períodos mais sombrios de sua história.

Na Câmara dos Comuns, Churchill faz um dos muitos discursos que elevavam a autoestima da nação. Ele mesmo os escrevia, e muitas vezes chegava a gastar até 30 horas para concluir cada um.

Durante a batalha da Grã-Bretanha, em 1940, um Spitfire Britânico, avião de caça, derruba um Dornier, bombardeiro alemão. Apesar de estar em menor quantidade, os aviões britânicos conseguiram expulsar a força aérea alemã.

As forças alemãs invadiram o continente e a Grã-Bretanha ficou cada vez mais isolada. Alguns políticos quiseram render-se, mas Churchill estava firmemente determinado a resistir. Ele pediu à Câmara dos Comuns para apoiar o seu círculo interno de governo, conhecido como Gabinete de Guerra, e declarou: "Não tenho nada para oferecer senão sangue, trabalho pesado, lágrimas e suor". Foi o primeiro dos muitos discursos poderosos que levantariam a autoestima da nação inteira.

Churchill levanta dois dedos e faz seu famoso sinal de guerra – "V de vitória".

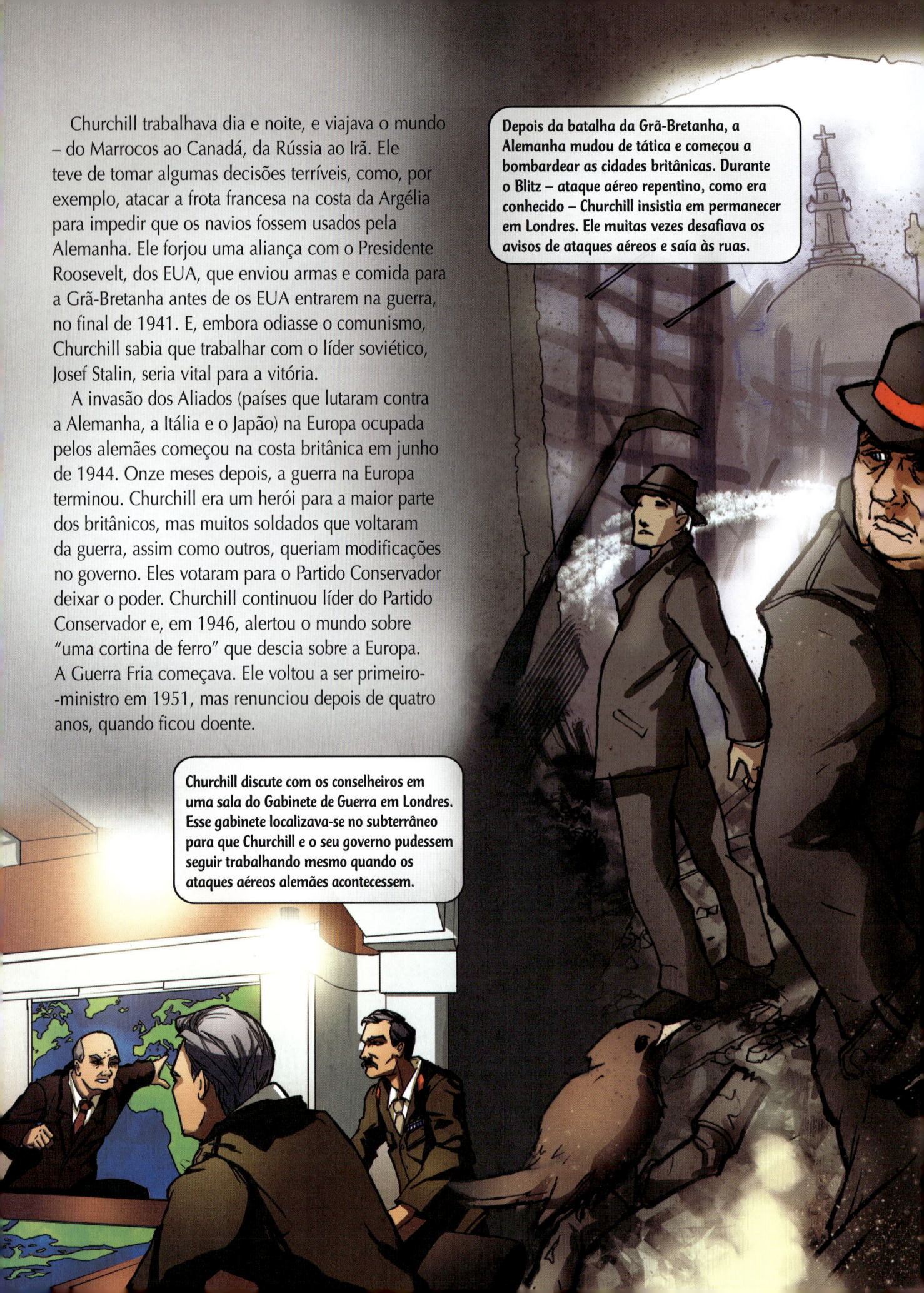

Churchill trabalhava dia e noite, e viajava o mundo – do Marrocos ao Canadá, da Rússia ao Irã. Ele teve de tomar algumas decisões terríveis, como, por exemplo, atacar a frota francesa na costa da Argélia para impedir que os navios fossem usados pela Alemanha. Ele forjou uma aliança com o Presidente Roosevelt, dos EUA, que enviou armas e comida para a Grã-Bretanha antes de os EUA entrarem na guerra, no final de 1941. E, embora odiasse o comunismo, Churchill sabia que trabalhar com o líder soviético, Josef Stalin, seria vital para a vitória.

A invasão dos Aliados (países que lutaram contra a Alemanha, a Itália e o Japão) na Europa ocupada pelos alemães começou na costa britânica em junho de 1944. Onze meses depois, a guerra na Europa terminou. Churchill era um herói para a maior parte dos britânicos, mas muitos soldados que voltaram da guerra, assim como outros, queriam modificações no governo. Eles votaram para o Partido Conservador deixar o poder. Churchill continuou líder do Partido Conservador e, em 1946, alertou o mundo sobre "uma cortina de ferro" que descia sobre a Europa. A Guerra Fria começava. Ele voltou a ser primeiro-ministro em 1951, mas renunciou depois de quatro anos, quando ficou doente.

> Depois da batalha da Grã-Bretanha, a Alemanha mudou de tática e começou a bombardear as cidades britânicas. Durante o Blitz – ataque aéreo repentino, como era conhecido – Churchill insistia em permanecer em Londres. Ele muitas vezes desafiava os avisos de ataques aéreos e saía às ruas.

> Churchill discute com os conselheiros em uma sala do Gabinete de Guerra em Londres. Esse gabinete localizava-se no subterrâneo para que Churchill e o seu governo pudessem seguir trabalhando mesmo quando os ataques aéreos alemães acontecessem.

Winston Churchill (1874-1965) 15

Churchill descobriu a paixão pela pintura logo depois que renunciou ao governo, em 1915. Mais de 570 de suas pinturas existem até hoje.

Surpreendentemente, Churchill permaneceu como membro do parlamento até 1964, um ano antes de morrer, aos 90 anos de idade. Ele teve um funeral de chefe de Estado, normalmente reservado à realeza. Foi a maior reunião de líderes mundiais de uma só vez, até a morte do Papa João Paulo II, em 2005. Churchill foi um político teimoso e cometeu erros. Ele estava constantemente fora de sintonia com a opinião pública, mas ainda assim foi um homem extraordinário, talentoso e cheio de energia.

Em 1940, poucos poderiam ter avançado diante da situação desesperadora em que a Grã-Bretanha se encontrava, mas Churchill mobilizou uma nação inteira e a conduziu, assim como a seus aliados, à vitória cinco anos depois.

Churchill observa o USS Augusta, transportando o Presidente Roosevelt em 1941. Seria a primeira de nove reuniões entre os dois homens durante a Segunda Guerra Mundial.

LIFE LINK
Churchill apoiou Charles de Gaulle quando tentava estabelecer o movimento França Livre, permitindo o acesso de De Gaulle à BBC para fazer transmissões de rádio. A difícil relação entre os dois homens atingiu seu ponto alto no dia 11 de novembro de 1944, quando eles desfilaram em triunfo pelo centro de Paris, assim que a cidade foi desocupada pelos alemães.

Charles de Gaulle

Ferido três vezes; deixado para morrer em um campo de batalha; capturado e preso; condenado à execução e ameaçado 31 vezes por assassinos. Um homem sobreviveu a todas essas ameaças de morte, e, em seguida, estruturou o destino da França moderna.

Quando criança, Charles de Gaulle era fascinado pelos militares. Assim que a Primeira Guerra Mundial estourou, em 1914, ele lutou sob o comando de Philippe Pétain. Em apenas 15 dias ele tinha sido ferido, mas voltou à ação menos de três meses depois. Ele foi ferido mais duas vezes e capturado pelos alemães em 1916.

De Gaulle foi libertado em 1918 e lutou pelo exército polonês contra a Rússia. Tornou-se membro do Conselho de Guerra Supremo da França, trabalhando como assessor de Pétain. Mas nos anos 1930, entrou em conflito com os militares franceses. A Segunda Guerra Mundial teve início em 1939 e De Gaulle ainda era coronel.

Na batalha de Verdun, em 1916, De Gaulle foi abandonado para morrer no campo de batalha. Depois de sua captura pelos alemães, ele tentou fugir por cinco vezes, mas não conseguiu, até que a guerra terminou.

Durante a guerra, De Gaulle comandou uma divisão de tanques contra a invasão alemã. Em Caumont, forçou o inimigo a recuar, mas seu êxito foi obscurecido pelo avanço geral alemão. Com a França disposta a render-se em 17 de julho de 1940, De Gaulle, revoltado, fugiu para a Grã-Bretanha. Ele fez a primeira de muitas transmissões de rádio no dia seguinte, incitando o povo francês a continuar na guerra.

De Gaulle deu a seu filho o nome de Philippe em homenagem a Pétain, um herói da Primeira Guerra Mundial. Mas agora a situação era outra. Pétain conduziu a França na sua rendição e foi nomeado líder do governo de Vichy – um regime que governou o sul da França em colaboração com os nazistas. O governo de Pétain denunciou De Gaulle como traidor e condenou-o à morte em sua ausência.

De Gaulle discutia ferozmente com seus superiores, que não concordavam com seu plano ousado de um exército móvel que utilizasse tanques e aviões.

Charles de Gaulle (1890-1970) — 17

Em maio de 1940 as forças alemãs invadiram a Bélgica através da França. Os alemães desviaram-se da Linha Maginot de defesa, construída para proteger a fronteira com a França.

A resistência francesa sabotou as instalações alemãs e libertou pilotos das Forças Aliadas cujos aviões haviam sido abatidos e que detinham informações vitais para os aliados.

O líder britânico Winston Churchill permitiu que De Gaulle fizesse transmissões de rádio a partir de Londres. Ele terminou seu primeiro discurso com as palavras "Aconteça o que acontecer, a chama da resistência francesa não deve se apagar".

Na Grã-Bretanha, De Gaulle fundou o Comitê Nacional Francês de Libertação ou França Livre. Ele encorajou a resistência dentro da França e apelou para voluntários das colônias francesas na África e na Ásia. Em 1944, 300 mil membros do França Livre fizeram parte da invasão do norte da França.

De Gaulle caminha em triunfo pelas ruas de Paris, recebendo uma recepção calorosa depois que a cidade foi libertada.

Em agosto de 1944, depois que as forças Aliadas expulsaram os alemães de Paris, De Gaulle voltou para casa como herói. Ele estabeleceu um governo temporário enquanto a França criava uma nova constituição (conjunto de leis que governam um país), que se tornou a Quarta República.

De Gaulle queria que um presidente poderoso conduzisse a França. Como isso não aconteceu, em 1946 ele renunciou ao governo e formou o seu próprio partido político. No início teve muito apoio, mas depois o perdeu. De Gaulle deixou a política em 1953, mas cinco anos depois estava de volta. A Quarta República estava um caos, tinha sido conduzida por 15 primeiros-ministros diferentes em 12 anos e a Argélia, uma colônia francesa na África, lutava violentamente pela independência. Em 1958, De Gaulle foi convidado a ser o primeiro presidente da nova Quinta República, dessa vez com grandes poderes.

O presidente trabalhou muito para fazer da França uma potência mundial independente. Ele negociou a liberdade da Argélia, pois acreditava que a França não venceria essa guerra facilmente. Como a economia cresceu rapidamente, a França teve condições de desenvolver suas próprias armas nucleares. De Gaulle não permitiu que mísseis dos Estados Unidos fossem instalados em solo francês e estabeleceu relações com a União Soviética. Ele foi um dos primeiros líderes da Europa Ocidental a reconhecer o governo comunista de Mao Tsé-Tung na China.

A Organização Secreta do Exército queria manter a Argélia como colônia francesa. A organização tentou matar De Gaulle várias vezes. Em 1962, agentes da organização dispararam contra seu carro em Paris, atingindo o pneu dianteiro e o vidro traseiro, mas não conseguiram feri-lo.

Charles de Gaulle (1890-1970) 19

Em 1968 a França foi tomada por greves, protestos e distúrbios. Jovens estudantes e trabalhadores exigiam um novo governo. Embora o partido de De Gaulle tivesse ido bem nas eleições, ele renunciou à presidência em 1969 e morreu 18 meses depois.

De Gaulle foi um homem forte que protegeu a França a todo custo. Ele reuniu a resistência francesa contra a Alemanha durante a Segunda Guerra Mundial e ajudou seu país a ocupar um lugar importante no mundo. Morreu sem riquezas, porém é lembrado por muitos franceses como um herói.

Sob o comando de De Gaulle, a França enviou satélites para o espaço e construiu armas nucleares. A França detonou sua primeira bomba de hidrogênio em 1968.

Em maio de 1968, Paris foi tomada por manifestações de estudantes e greves de trabalhadores. Alguns protestos converteram-se em batalhas sangrentas com a polícia, causando o caos.

De Gaulle encontra o líder da Alemanha Ocidental, Konrad Adenauer (à direita). Durante os anos 1960, De Gaulle fortaleceu as relações da França com a Alemanha Ocidental.

LIFE LINK
Embora muitas forças do França Livre, de De Gaulle, fossem equipadas pelos EUA, o Presidente Franklin Roosevelt reconheceu o governo de Vichy, mas não o França Livre. Ele deixou De Gaulle fora das conferências de guerra e dos planos militares e tentou fazer com que seu rival, Henri Giraud, se tornasse líder da França.

Franklin Delano Roosevelt

Dez de agosto de 1921. Franklin Delano Roosevelt navegava com seu iate pela costa do Canadá quando notou um pequeno incêndio na ilha Campobello. Ancorou o iate, desembarcou e, junto com seus filhos, apagou as chamas. Logo depois, correram cerca de 3 km até um lago para nadar. De volta a sua casa de férias, com 34 cômodos, FDR, como ele era chamado, repentinamente sentiu-se muito cansado, subiu lentamente até seu quarto e deitou-se na cama. Ele acordou com muita dor e com febre alta e descobriu que suas pernas estavam paralisadas. Com 39 anos de idade, tinha contraído poliomielite. Sua carreira como político e homem de negócios parecia ter chegado ao fim.

Roosevelt foi um estudante muito popular na Universidade de Harvard, onde editava o jornal dos estudantes e jogava futebol americano.

Louis Howe (à direita) foi um obstinado repórter de jornal que idealizou as campanhas eleitorais de Roosevelt desde 1912. E foi também um leal conselheiro do homem que ele chamava de "o chefe", até sua morte, em 1936.

Franklin Delano Roosevelt (1882-1945) 21

Quando menino, Roosevelt tinha uma vida privilegiada: praticava vela, natação, observava pássaros e lia histórias de aventuras. Era de uma família ilustre que incluía 11 presidentes dos Estados Unidos, entre eles o seu primo, Theodore Roosevelt. Em 1905, casou-se com a sobrinha de Theodore, Eleanor, e entrou para a escola de Direito da Universidade de Colúmbia. Mas o Direito não o empolgou, então decidiu ingressar na política. Conseguiu uma cadeira no senado de Nova York em 1910, e três anos depois tornou-se secretário assistente da marinha dos Estados Unidos. Franklin observou com entusiasmo que seu primo, Theodore, tinha ocupado o mesmo cargo antes de se tornar presidente.

A estrela política de Roosevelt estava em ascensão. Em 1920, foi escolhido pelo Partido Democrata para disputar o cargo de vice-presidente dos EUA. Começou a campanha fazendo em média dez discursos por dia. Mas o Partido Republicano ganhou facilmente, elegendo Warren Harding presidente. Outro golpe veio com a paralisia de suas pernas, mas Roosevelt estava seguro de que um dia voltaria a andar.

Passo a passo, Roosevelt começou a andar curtas distâncias com a ajuda de uma cinta de aço ajustada a seu quadril e a suas pernas.

Com a intenção de recuperar o movimento de suas pernas, Roosevelt começou a praticar exercícios e tentou todos os tipos da terapia, de tratamentos elétricos a banhos minerais.

Ajudado por um assessor, Roosevelt fez campanha levantando-se sempre que possível. Ele estava preocupado que sua deficiência afastasse alguns eleitores.

Durante sete anos Roosevelt não manteve nenhum escritório político. Sua esposa Eleanor e seu conselheiro mais próximo, Louis Howe, o mantiveram em contato com os acontecimentos, até que, surpreendentemente, ganhou a eleição para governador de Nova York em 1928.

Em 1929, a bolsa de valores dos Estados Unidos quebrou, desencadeando a Grande Depressão. Esse massivo colapso econômico espalhou-se pelos EUA e pela Europa. Bancos e empresas fecharam, o desemprego aumentou e as poupanças das pessoas perderam o valor. O estado de Nova York foi fortemente atingido, com mais de um milhão de pessoas demitidas do trabalho. O governador Roosevelt tentou arrumar empregos para elas criando projetos públicos, além de fornecer comida, roupas e cobertores aos mais pobres.

Em 1932 Roosevelt ganhou a eleição presidencial. Durante a campanha ele tinha prometido aos eleitores o "New Deal" (novo acordo), um programa do governo para recuperar a economia e resolver o problema do desemprego. Agora, com os bancos fechados e uma taxa de inflação de 40% ao dia, ele tinha de apresentar bons resultados – e rápido. Nos 100 primeiros dias de governo, Roosevelt criou 15 conjuntos de leis. Durante muitos anos, despendeu vastas somas para criar pensões para os idosos e recolocar milhões de pessoas no mercado de trabalho, construindo estradas, represas e escolas ou trabalhando em silvicultura, agricultura e parques nacionais.

A 221 metros de altura, a Represa Boulder (atualmente chamada de Represa Hoover) foi um dos milhares de projetos do New Deal. Muitos deles reativaram áreas dos EUA que tinham sido transformadas em desertos pelo desgaste do solo utilizado pelas plantações.

Eleanor Roosevelt ajuda na distribuição de sopa aos pobres durante a Grande Depressão. Ela redefiniu o papel de "primeira-dama" (esposa do presidente) por envolver-se na política e fazer campanhas para melhorar a vida dos pobres.

Franklin Delano Roosevelt (1882-1945) 23

Em 1933, durante um desfile em Miami, Roosevelt quase foi atingido por um tiro da arma de Giuseppe Zangara. O assassino, que estava em cima de uma cadeira para ter uma visão melhor do seu alvo, desequilibrou-se e errou o alvo. Ele acertou o prefeito de Chicago, Anton Cermak, que morreu três semanas depois.

Roosevelt e seu grupo de consultores, chamados de "Brains Trust" (Cérebros de Confiança), redigiram muitas das novas leis. Anteriormente essa função era do congresso dos Estados Unidos. As mudanças geraram críticas, que cresceram no final dos anos 1930, quando Roosevelt tentou lotar a Suprema Corte com juízes que provavelmente concordariam com ele. Algumas políticas do New Deal funcionaram bem, criando empregos e melhorando as condições de vida de muitos americanos. Outras não foram bem-sucedidas, pois os EUA ainda tinham uma taxa de desemprego elevada no início da década de 1940.

A popularidade de Roosevelt, contudo, permaneceu alta. Muitos americanos amavam sua liderança enérgica. Eles o reelegeram com 61% dos votos em 1936, e novamente em 1940 e 1944. Isso fez dele o único presidente da história dos Estados Unidos a ser eleito quatro vezes. A partir de 1951, os presidentes não puderam exercer mais do que dois mandatos.

Desde o fim da Primeira Guerra Mundial, os EUA tentaram evitar o envolvimento em assuntos de outras nações. Quando a Segunda Guerra Mundial começou, em 1939, poucos americanos quiseram entrar em outro conflito, então, Roosevelt tentou oferecer ajuda à Grã-Bretanha e a seus aliados sem de fato ir à guerra.

O congresso dos Estados Unidos tinha proibido a venda de armas para as nações em guerra. Roosevelt encontrou uma maneira de contornar essa lei em 1940. Ele trocou 50 destróieres navais dos Estados Unidos por terras britânicas no Caribe com o objetivo de construir bases aéreas. À medida que a guerra se intensificava na Europa, crescia o apoio dos EUA à Grã-Bretanha e seus aliados. O "Lend-Lease Act", de 1941, permitia que Roosevelt emprestasse ou alugasse armas, comida e aceitasse qualquer tipo de pagamento. No final da guerra, quase 49 milhões de dólares americanos tinham sido concedidos a aproximadamente 40 nações, a maior parte para a Grã-Bretanha e a União Soviética.

Roosevelt e Howe logo perceberam o poder dos meios de comunicação para divulgar as mensagens do presidente diretamente à população. Roosevelt transmitiu cerca de 30 "conversas ao pé da lareira" através do rádio, ajudando os americanos a sentirem-se perto de seu líder.

O ataque do Japão à base naval em Pearl Harbor, no Havaí, surpreendeu os EUA. Cerca de 350 aviões, mais um pequeno número de submarinos, devastaram a frota dos EUA, que se encontrava no Pacífico. Roosevelt declarou guerra contra o Japão no dia seguinte.

O ataque japonês a Pearl Harbor em dezembro de 1941 provocou a entrada dos EUA na Segunda Guerra Mundial. As indústrias produziram rapidamente uma vasta quantidade de armas, e em meados de 1943, 12 milhões de americanos tinham se juntado aos militares. A população temia o Japão, mas FDR insistiu que os EUA deveriam concentrar seus esforços militares na Europa.

O desgaste com a guerra cobrou um preço alto de Roosevelt. Em fevereiro de 1945, ele viajou para Yalta (na Ucrânia) para encontrar Josef Stalin e Winston Churchill. No dia 12 de abril, posando para um retrato, o presidente queixou-se de "uma dor de cabeça terrível". Essas foram suas últimas palavras antes de perder a consciência. Duas horas e meia depois, FDR estava morto.

Os "Três Grandes" – Stalin, Roosevelt e Churchill – encontraram-se na Conferência de Teerã, em 1943, e em Yalta, em 1945, para discutir como o mundo seria organizado depois da Segunda Guerra Mundial.

Muitas pessoas discordavam de FDR em relação à guerra e em algumas decisões econômicas, mas a maioria achava que ele era um político honesto e muito inteligente, que conduziu os EUA em dois dos seus maiores desafios – a Grande Depressão e a Segunda Guerra Mundial. Ele fez muito para melhorar a vida de milhões de americanos.

LIFE LINK
FDR enviou armas e dinheiro a Chiang Kai-Shek, rival de Mao Tsé-Tung na guerra civil chinesa. Roosevelt pretendia que Chiang usasse as armas para lutar contra o Japão. Em vez disso, Chiang usou-as contra as forças de Mao. Mao não esqueceu o apoio de FDR a seu inimigo, e recusou-se a encontrar qualquer presidente americano até 1972.

Mao Tsé-Tung

"Lamento o fato de a sabedoria de nosso povo não ter se desenvolvido durante milhares de anos e o país ter estado à beira de um desastre doloroso." Essas palavras foram escritas por Mao Tsé-Tung em 1912. A China foi a civilização contínua mais antiga do mundo, mas seus caminhos consagrados pelo tempo falharam com milhões de pessoas que estavam à beira da inanição e de uma rebelião.

Quando criança, Mao trabalhava na fazenda da família de sua mãe. Ele juntava a forragem para alimentar os porcos e levava os búfalos até a água.

A vida era difícil para Mao em Pequim. Durante o inverno ele passava horas na biblioteca, que era mais quente do que seu gelado quarto.

Ao contrário do que se divulgou, Mao não nasceu em uma família de camponeses pobres. Seu pai foi um próspero negociante de grãos na província Hunan. Lá, Mao foi à escola antes de começar a trabalhar na agricultura, aos 13 anos. Desejoso de aprimorar sua educação, rebelou-se contra a família e foi estudar em Changsha, a capital de Hunan. Assim que chegou, uma rebelião estourou e Mao juntou-se a uma unidade do exército revolucionário que derrubaria o último imperador.

Mao Tsé-tung (1893-1976) 27

Em 1918, Mao saiu de Hunan pela primeira vez. Viajou a Pequim e conseguiu um emprego na biblioteca da universidade. Mao leu muitos livros e foi muito influenciado pelo chefe da biblioteca, Li Dazhao, um dos fundadores do Partido Comunista Chinês (PCC). Em 1921, esteve presente no primeiro congresso do PCC. Dois anos depois, os comunistas formaram uma aliança com o Kuomintang – o partido nacionalista conduzido por Sun Yat-Sen. Logo Mao tornou-se uma figura importante nos comitês do Kuomintang. Ele estava cada vez mais interessado em como os camponeses na zona rural poderiam ser influenciados e conduzidos a realizar uma revolução.

Escondidas, as tropas comunistas de Mao construíram uma base na floresta, cheia de macacos, cobras e porcos selvagens. Eles viviam como bandidos, roubando comida de aldeias próximas.

Para manter o controle do Kuomintang, Chiang Kai-Shek ordenou que seus soldados prendessem os comunistas da cidade de Xangai.

Depois da morte de Sun Yat-Sen, Chiang Kai-Shek tornou-se líder do Kuomintang. Em pouco tempo nacionalistas e comunistas lutavam entre si. Chiang temia que os comunistas ficassem muito poderosos. Em 1927, ele expulsou os comunistas de seu partido e começou a atacá-los e matá-los. Mao e muitos outros comunistas esconderam-se, organizaram uma resistência e buscaram ajuda em outras partes da China. O lugar mais seguro era Jiangxi Soviete (ou República Soviética da China), uma região na províncias Jiangxi e Fujian onde os comunistas recrutaram um grande exército de camponeses.

As forças de Chiang tentaram várias vezes destruir Jiangxi Soviete. Finalmente, em 1934, os comunistas quebraram a barreira inimiga e começaram a Grande Marcha. Mao era um dos líderes. Eles marcharam 80 km por dia durante um ano, cruzaram 18 cadeias de montanhas, lutaram contra as tropas nacionalistas e sofreram com a fome e as doenças. Em outubro de 1935, fundaram um quartel-general em Yanan. A ajuda aumentou depois que as notícias de suas conquistas se espalharam.

Em 1937, o Japão invadiu a China. Chiang foi forçado a fazer uma incômoda aliança com os comunistas para defender o país. Estes dividiram suas forças em pequenas unidades, usaram guerrilha e foram muito mais bem-sucedidos na luta contra os japoneses do que os nacionalistas. Os comunistas espalharam-se por toda a China, recrutando camponeses. Em 1945, o Japão foi derrotado pelas forças comunistas. Entre 500 mil e 900 mil camponeses apoiavam o partido.

Rota da Grande Marcha, 1934-1935

Entre 85 mil e 100 mil comunistas participaram da Grande Marcha. Não mais de 28 mil, e possivelmente um pouco menos de 8 mil, chegaram com segurança à província de Shaanxi.

Mao Tsé-Tung (1893-1976)

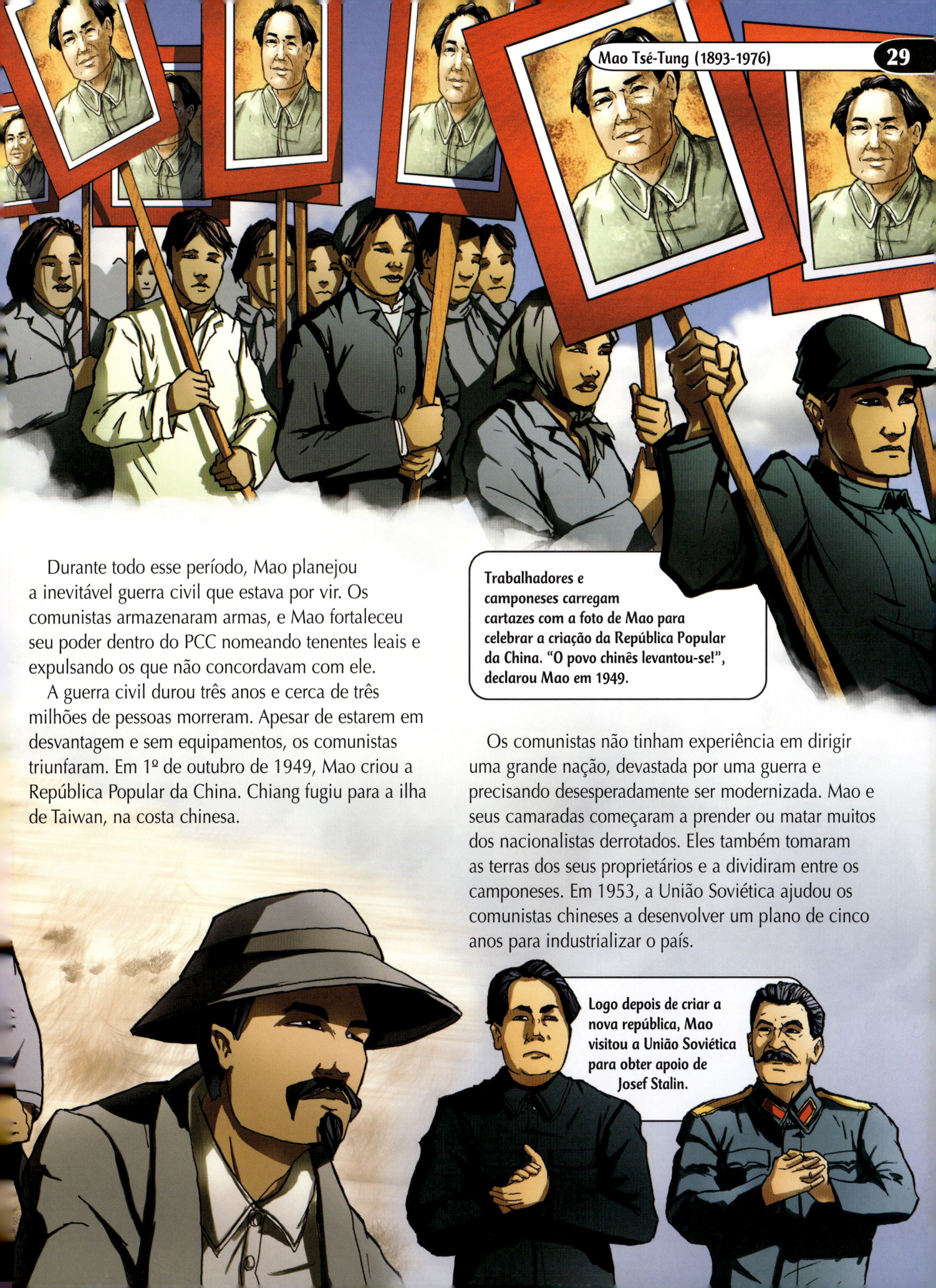

29

Durante todo esse período, Mao planejou a inevitável guerra civil que estava por vir. Os comunistas armazenaram armas, e Mao fortaleceu seu poder dentro do PCC nomeando tenentes leais e expulsando os que não concordavam com ele.

A guerra civil durou três anos e cerca de três milhões de pessoas morreram. Apesar de estarem em desvantagem e sem equipamentos, os comunistas triunfaram. Em 1º de outubro de 1949, Mao criou a República Popular da China. Chiang fugiu para a ilha de Taiwan, na costa chinesa.

Trabalhadores e camponeses carregam cartazes com a foto de Mao para celebrar a criação da República Popular da China. "O povo chinês levantou-se!", declarou Mao em 1949.

Os comunistas não tinham experiência em dirigir uma grande nação, devastada por uma guerra e precisando desesperadamente ser modernizada. Mao e seus camaradas começaram a prender ou matar muitos dos nacionalistas derrotados. Eles também tomaram as terras dos seus proprietários e a dividiram entre os camponeses. Em 1953, a União Soviética ajudou os comunistas chineses a desenvolver um plano de cinco anos para industrializar o país.

Logo depois de criar a nova república, Mao visitou a União Soviética para obter apoio de Josef Stalin.

Mao elaborou um plano para reformular a indústria chinesa e a agricultura. Foi chamado O Grande Salto Adiante. A partir de 1958, grandes fábricas foram construídas e contaram com um grande número de trabalhadores. Sem máquinas, mais de 100 milhões de pessoas foram forçadas a trabalhar a terra em enormes fazendas comunitárias. O Grande Salto Adiante foi um desastre. Entre 1960 e 1961, cerca de 20 milhões de pessoas morreram de fome.

Mais de 5 mil famílias viviam em cada fazenda. Elas lutavam para produzir grandes colheitas para alimentar a China, trabalhando muitas horas com ferramentas inadequadas.

Mao foi pouco visto durante os cinco anos seguintes, mas ressurgiu em 1966 com um plano chamado Revolução Cultural, que foi projetado para inspirar e ensinar a população jovem sobre o comunismo e eliminar partidos e grupos que discordavam dele. As escolas foram fechadas e as crianças, forçadas a juntar-se a um exército juvenil chamado Guardas Vermelhos. Marcharam por cidades atacando pessoas que consideravam inimigos de Mao e que poderiam tomar o poder de comunistas locais. O exército começou a se apropriar de escolas e fábricas e a China virou um caos. Muitas pessoas morreram e a economia ficou estagnada e quase afundou.

Os Guardas Vermelhos liam o *Livro Vermelho*, uma coleção de citações de Mao que o retratava como inimigo dos ricos e salvador dos trabalhadores.

Mao Tsé-Tung (1893-1976)

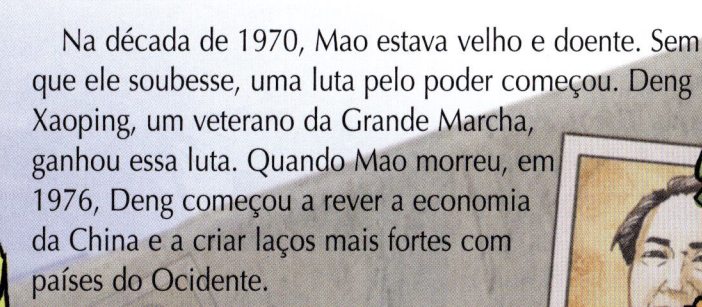

31

Na década de 1970, Mao estava velho e doente. Sem que ele soubesse, uma luta pelo poder começou. Deng Xaoping, um veterano da Grande Marcha, ganhou essa luta. Quando Mao morreu, em 1976, Deng começou a rever a economia da China e a criar laços mais fortes com países do Ocidente.

Durante a Revolução Cultural, qualquer um que não apoiasse Mao tornava-se um alvo. Os intelectuais foram humilhados em público (à esquerda), tiveram seus cabelos raspados (à direita), ou foram roubados e torturados.

Naquela época, Mao era uma figura mítica. Alguns de seus feitos heroicos, como transportar uma carga através de uma frágil ponte suspensa, no auge de uma batalha, durante a Grande Marcha, podem não ter acontecido. Algumas pessoas consideram Mao o homem que uniu a China quando o país corria perigo de desmoronar, e assegurou sua independência. Mas muitos lembram-se dele como um opressor cruel de grupos religiosos e culturais, cujos experimentos desastrosos com a economia causaram a morte de milhões de pessoas.

Liu Shaoqi estava na linha de sucessão de Mao, mas foi expulso do Partido Comunista durante a Revolução Cultural.

A Gangue dos Quatro foi um grupo conduzido por Jiang Qing, a esposa de Mao. Eles exerceram grande influência durante a Revolução Cultural, mas não conseguiram assumir o poder depois da morte de Mao.

LIFE LINK
O Partido Comunista Chinês foi muito influenciado por Josef Stalin, líder da União Soviética no fim dos anos 1920. A primeira viagem de Mao ao exterior foi a Moscou, em 1949, onde ele assistiu às celebrações dos 70 anos de Stalin.

Josef Stalin

Para sua dedicada mãe, ele era Soso; para seus companheiros de classe, ele era Bexiguento, por causa da sua pele com cicatrizes de varíola. Mas a história lembra-se dele como Stalin, nome que deu a si mesmo quando tinha 30 anos e que significa "homem de aço".

Josef Stalin nasceu Iosif Dzhugashvili, em Gori, na Geórgia, que pertencia ao império russo e era governada pelo czar. Foi matriculado na escola de uma igreja e forçado a aprender russo em vez de georgiano, sua língua nativa. Muitos de seus companheiros de classe vinham de famílias mais ricas e zombavam do seu russo imperfeito, da sua pobreza e das cicatrizes em seu rosto... mas isso não durou muito tempo. Stalin era um adversário duro no pátio e um estudante brilhante, tinha uma memória incrível. Em 1894, em sua classe, ele foi o primeiro da turma e ganhou uma vaga em um seminário em Tiflis (atualmente Tbilissi), a capital da Geórgia.

O pai de Stalin era um sapateiro pobre que foi obrigado a trabalhar em uma fábrica de sapatos depois que seu próprio negócio faliu. Ele aterrorizava sua esposa e seu filho.

Stalin foi um estudante de temperamento forte no seminário, onde debatia com os sacerdotes, lia livros proibidos e discutia política.

Stalin encontrou Lênin pela primeira vez em 1905, em uma conferência comunista realizada na Finlândia.

Josef Stalin (1879-1953)

A vida no seminário era rigorosa, mas Stalin quebrava as regras lendo, escondido, livros proibidos. Um deles foi o *Manifesto Comunista*, coescrito pelo filósofo Karl Marx. As ideias de Marx tiveram grande impacto sobre Stalin, que se associou ao revolucionário Partido Operário Social-Democrata Russo (POSDR), depois que foi expulso do seminário em 1899.

Stalin dedicou-se à luta pela revolução comunista. Ele escrevia panfletos, fazia discursos e organizava manifestações. Stalin modificou nomes e identidades em uma tentativa de despistar a Okhrana, a polícia secreta do czar, mas foi preso sete ou oito vezes entre 1902 e 1913.

> Stalin ficou exilado na Sibéria, e, quando escapou, voltou a Tiflis e deu início a uma nova série de protestos e greves.

O POSDR dividiu-se em dois grupos, o dos mencheviques e o dos mais radicais, os bolcheviques, conduzido por Vladimir Lênin. Em 1912, Lênin promoveu Stalin a editor do jornal *Pravda*, do Partido Bolchevique. No ano seguinte, foi traído por um agente duplo, e detido novamente. Desta vez Stalin foi enviado a um dos lugares mais remotos da Sibéria.

> Stalin organizou "pelotões de luta", que invadiam bancos e navios a vapor para arrecadar dinheiro para os comunistas. Em 1907, seu grupo atacou um carro-forte em uma praça da cidade de Tiflis. Eles lançaram bombas e roubaram mais de um quarto de milhão de rublos, uma verdadeira fortuna.

Uma revolução na primavera de 1917 derrubou o czar da Rússia. Presos políticos foram libertados, inclusive Stalin. Uma segunda revolução, no outono, foi seguida por uma guerra civil, da qual os comunistas saíram vitoriosos. Em 1922, eles fundaram a União das Repúblicas Socialistas Soviéticas (URSS), ou União Soviética. Lênin era o líder.

> Stalin usou seu poder como secretário-geral para expulsar seu grande rival, Leon Trotski, da União Soviética em 1929. Trotsky foi assassinado no México por ordens de Stalin.

Depois da guerra, Stalin tornou-se secretário-geral do Partido Comunista (o Partido Bolchevique renomeado). A posição que passou a ocupar parecia menor, mas permitia que ele desse empregos a seus aliados no partido e construísse sua própria base de poder. Quando Lênin morreu, em 1924, Stalin agiu inteligentemente. Ele descreveu-se como o maior seguidor de Lênin e fez seus rivais entrarem em confronto uns contra os outros. Um por um, seus oponentes foram destituídos do poder. No final dos anos 1920, Stalin detinha o controle quase total, e governou como um ditador.

> Os bolcheviques invadiram o palácio de inverno de São Petersburgo durante a Revolução de Outubro de 1917. Eles encontraram pouca resistência e derrubaram o governo provisório da Rússia.

Josef Stalin (1879-1953)

A Rússia precisava, há muito tempo, ser modernizada. Stalin queria criar uma nação poderosa, autossuficiente. Então forçou a União Soviética a construir indústrias pesadas, como mineração de carvão e fabricação de aço, de maquinário, tratores, material ferroviário e equipamentos militares. O plano era estabelecer, em cinco anos, grandes metas, que cada região, fábrica, mina e até cada trabalhador deveriam atingir.

Stalin mandou os agricultores se unirem para criar fazendas gigantescas, que seriam controladas pelo Estado. A ideia era que eles pudessem usar novos métodos científicos e novas máquinas para aumentar a produção de alimentos. Mas muitos camponeses destruíram suas colheitas e animais em protesto. Milhares foram executados ou enviados para campos de trabalho. As terras foram apreendidas e a escassez de alimentos chegou ao campo. A fome em 1932 e 1933 causou milhões de mortes.

Em 1934 muitas pessoas queriam que Sergey Kirov, um herói da guerra civil, assumisse o lugar de Stalin. Mas quando Kirov foi assassinado, Stalin usou a sua morte como desculpa para lançar uma série de repressões que ficaram conhecidas como o Grande Expurgo.

Muitas pessoas foram forçadas a mudar para áreas de mineração e de fábricas. Os trabalhadores que não conseguiam cumprir as metas eram espancados, presos ou enviados para trabalhar em campos conhecidos como *gulags*.

Stalin tentou acabar com os agricultores mais ricos, ou *kulaks*. Eles eram executados ou enviados aos *gulags* ou expulsos para viver em terras improdutivas.

Milhares de pessoas, de agricultores a funcionários do exército, foram presos pela polícia secreta no Grande Expurgo.

Em uma série de julgamentos em Moscou, os membros do Partido Comunista foram considerados culpados por conspirar contra Stalin.

A maior parte das pessoas consideradas culpadas morreram ou foram condenadas a trabalhos forçados nos *gulags*.

O objetivo do Grande Expurgo era acabar com militares e oponentes de Stalin no Partido Comunista. Mas isso estendeu-se a quase todos os níveis da sociedade. A temida polícia secreta NKVD aterrorizava a população soviética, encorajando-a a trair seus vizinhos e famílias. Mais de um terço dos oficiais do Exército Vermelho foi executado, deixando os militares sem um líder quando a Segunda Guerra Mundial estourou. No início, isso não foi problema porque a União Soviética e a Alemanha concordaram em não lutar uma com a outra. As forças de Stalin ocuparam a Estônia, a Letônia, a Lituânia e partes da Polônia e Romênia.

Mas quando a Alemanha invadiu a União Soviética, em 1941, Stalin teve de se juntar aos Aliados. Os soviéticos lutaram implacavelmente e milhões foram sacrificados por Stalin. A batalha decisiva aconteceu na cidade de Stalingrado, entre agosto de 1942 e fevereiro de 1943. Cerca de 1,5 milhão de pessoas morreram, mas os alemães foram forçados a recuar. Stalin foi firme com Churchill e Roosevelt, estendendo a influência soviética à maior parte da Europa Oriental. A três anos do fim da guerra, os governos comunistas apoiados pela União Soviética comandavam a Polônia, a Hungria, a Romênia, a Bulgária e a Tchecoslováquia. Em 1949, a Alemanha Oriental tornou-se um Estado comunista separado da parte ocidental, a Alemanha capitalista.

Estátuas gigantescas de Stalin foram erguidas em toda a União Soviética. Ele era retratado como um líder heroico, todo-poderoso, que dominava a vida de seu povo.

Josef Stalin (1879-1953) 37

Aos 70 anos, a saúde de Stalin começou a piorar. Ele ficou cada vez mais paranoico. Em março de 1953, jantou com alguns de seus ministros mais antigos. Depois do jantar, Stalin passou mal e morreu. Os rumores de que algum dos convidados poderia tê-lo envenenado logo se espalhou.

Stalin foi um líder esperto e cruel, que levou a União Soviética a desenvolver suas indústrias, expulsar o exército de Hitler e surgir depois da Segunda Guerra Mundial como uma das duas superpotências mundiais. Mas seus êxitos pagaram um preço terrível. Os direitos e a liberdade dos soviéticos foram esmagados em uma atmosfera de terror; o Grande Expurgo e outras políticas levaram à morte mais de 20 milhões de pessoas.

No dia 1º de maio de 1945, em Berlim, um soldado do Exército Vermelho soviético balança a bandeira de seu país em cima do parlamento alemão, o Reichstag. A Alemanha rende-se uma semana depois.

LIFE LINK
Josef Stalin e Adolf Hitler nunca se encontraram, mas seus ministros das relações exteriores assinaram um pacto de não agressão em 1939. A decisão de Hitler invadir a União Soviética em 1941 foi uma virada na Segunda Guerra Mundial, que fez com que as forças de Stalin chegassem a Berlim e levassem Hitler ao suicídio.

Adolf Hitler

Vinte de julho de 1944. O coronel Claus von Stauffenberg coloca sua pasta ao lado de Adolf Hitler, pede desculpas e sai da barraca, em Rastenberg, na Alemanha, sede da guerra. O marechal-de-campo Keitel ficou furioso, mas Hitler balançou a cabeça em sinal de aprovação. Todo mundo sabia quanto o ditador alemão admirava o valente e inteligente coronel. Segundos depois a mala explodiu. A bomba destruiu a barraca matando quatro homens. Mas a conspiração de Von Stauffenberg e de outros soldados para assassinar o terrível líder falhou. Hitler sobreviveu.

Von Stauffenberg foge e a bomba explode. Hitler ficou ferido e planejou sua vingança contra os conspiradores. Pelo menos 4 900 pessoas foram executadas.

Em 1909, depois que sua pequena herança acabou, Hitler enfrentou um inverno difícil. As pessoas o ignoravam quando ele pedia esmola, até que foi forçado a procurar um albergue para mendigos em Viena.

Adolf Hitler nasceu na cidade austríaca de Braunau am Inn, na fronteira com a Alemanha. Seu pai, um oficial alfandegário chamado Alois, era severo. Sua mãe, Klara, gostava muito dele e o mimava. Hitler ia mal na escola, não tirava boas notas e foi classificado pelos professores como preguiçoso e desobediente.

Adolf Hitler (1889-1945) **39**

Em 1907, mudou-se para Viena, na Áustria, onde sonhava ser pintor, mas não conseguiu entrar para a Academia de Belas Artes. Como seu dinheiro acabou, Hitler passou a viver nas ruas. Comia sopa nos albergues e cavava neve em troca de dinheiro, ou esmolava. Antes de mudar-se para Munique, em 1912, ganhou a vida como pintor, copiando cartões-postais e retratando cenas de Viena. Um ano depois foi reprovado no exame médico do exército austro-húngaro, mas foi aceito em um regimento da infantaria alemã.

Hitler pintou várias paisagens de Viena, mas não era feliz na cidade porque detestava a mistura de culturas. Muitas pessoas acreditam que seu ódio pelo povo judeu começou nessa época.

Durante a Primeira Guerra Mundial, Hitler trabalhou como mensageiro, um emprego perigoso em que, correndo, ele entregava mensagens para os postos de comando. Hitler foi condecorado com a medalha Cruz de Ferro, mas não conseguiu subir de posto porque achavam que ele era uma pessoa individualista.

Em 1918, depois de um ataque de gás venenoso por forças britânicas, em Ypres, Hitler ficou temporariamente cego. Quando se recuperou, ficou sabendo da rendição da Alemanha.

Depois da derrota humilhante da Alemanha no final da Primeira Guerra Mundial, as ameaças de revolução comunista estavam no ar. Hitler acreditava que o exército alemão tinha sido traído por judeus e outros povos que ele considerava inferiores. Em 1919, ingressou no Partido Trabalhista Alemão, um pequeno grupo de extremistas ferozmente anticomunistas e antijudeus. Hitler descobriu que tinha o poderoso dom de falar em público e, alimentado pela fúria da rendição da Alemanha, começou a atrair seguidores leais. Em 1921, tornou-se líder do partido, que tinha mudado de nome para Partido Nacional Socialista dos Trabalhadores Alemães ou Partido Nazista.

Na prisão, Hitler ditou a Rudolf Hess, um colega nazista, o livro *A minha luta*. O livro culpava os judeus pelos problemas da Alemanha e incitava o povo a se organizar e destruir o comunismo e a democracia.

Em 1923, Hitler tentou tomar o poder no sul da Alemanha. Não conseguiu. Ele foi enviado à prisão, onde escreveu *Mein Kampf* (*A minha luta*), um livro em que esboçou sua crença na superioridade do povo alemão, especialmente os arianos (pessoas brancas, de cabelos loiros e olhos azuis). Quando saiu da prisão, descobriu que estava proibido de fazer discursos. O Partido Nazista não lhe dava mais apoio, mas isso não o impediu de construir uma rede de partidos locais pela Alemanha.

O final dos anos 1920 foi difícil para os nazistas. Em 1929, a Alemanha foi afetada pela crise gerada pela quebra de Wall Street, a bolsa de valores de Nova York. Os empréstimos dos Estados Unidos, que sustentavam a economia alemã, foram interrompidos.

O desemprego e a pobreza dispararam, ao mesmo tempo que aumentava o apoio aos partidos extremistas. Os nazistas criaram uma onda de histeria contra seus rivais com uma mistura de intimidação brutal e uma sofisticada propaganda. Na primeira das duas eleições em 1932, eles conquistaram 13 milhões de votos, mais de um terço do total.

A tentativa de Hitler tomar o poder em 1923 é conhecida como Golpe da Cervejaria. Ele conduziu aproximadamente 2 500 homens armados a Munique, onde liderou uma violenta reunião política em uma cervejaria. A polícia, que estava muito bem preparada para a sua chegada, acabou com a rebelião rapidamente.

Adolf Hitler (1889-1945)   41

Os principais nazistas incluíam Josef Goebbels (à esquerda), que foi responsável pela propaganda, Hermann Göring (segundo à direita), chefe da força aérea, e Heinrich Himmler (à direita), líder da polícia secreta.

Hitler usou o apoio que os nazistas conquistaram para traçar o seu caminho ao poder. Ele juntou forças com políticos importantes que odiavam o comunismo e pensavam que Hitler poderia ser controlado. Eles estavam errados. Hitler assumiu o cargo de chanceler da Alemanha em janeiro de 1933. Um mês depois, o prédio do parlamento foi incendiado. O incêndio foi atribuído aos comunistas e usado como desculpa para dar poderes de emergência a Hitler. A ocupação nazista foi rápida e brutal. Em junho de 1934, Hitler teve centenas de rivais mortos durante a "Noite das Facas Longas". Em agosto ele se declarou *führer* (líder absoluto) do Terceiro Reich, ou Império Alemão.

Hitler sabia como fazer o povo escutar. Seus poderosos discursos tinham mensagens simples, mas de grande impacto, como, por exemplo, de que a Alemanha tinha sido traída pelos judeus.

Hitler começou a reconstruir o orgulho e a economia alemã. Grandes projetos públicos criaram milhões de empregos e grandes comícios foram organizados para louvar seu líder. Mas ao mesmo tempo os grupos das minorias eram oprimidos. Ele tinha o apoio da SS (*Schutzstaffel*, ou Tropa de Proteção) e da Gestapo, a polícia secreta. Durante todo esse período, Adolf Hitler preparava-se para a guerra.

A SS foi criada para proteger Hitler, mas ela também aterrorizava os alemães e acabava com qualquer divergência dentro do Partido Nazista.

A Alemanha aumentou seu poder militar de uma forma que o mundo nunca tinha visto. Em 1936 ele recuperou a área da Renânia, que fora perdida depois da Primeira Guerra Mundial. Em 1938 a Áustria foi forçada a juntar-se à Alemanha e, em setembro de 1939, Hitler invadiu a Polônia, provocando o início da Segunda Guerra Mundial.

Nos anos 1930, os judeus foram violentamente atacados, tiveram seus bens roubados e começaram a ser enviados a campos de concentração.

O norte da Europa estava sob ocupação alemã. O plano de invadir a Grã-Bretanha em menos de um ano foi abandonado. Porém, os aviões alemães começaram a bombardear a Grã-Bretanha enquanto Hitler se preparava para invadir a União Soviética. O exército alemão entrou violentamente no território inimigo, mas foi derrotado na batalha de Stalingrado. Os soviéticos expulsaram o exército de Hitler. Com a entrada dos EUA na guerra, a rendição da Itália em 1943 e a invasão do norte da França em 1944, pelos Aliados, a situação mudou para Hitler e a Alemanha.

Hitler concede medalhas a alguns membros da Juventude Hitlerista. Em 1940, esta organização teve 8 milhões de recrutas. Assim que a guerra virou contra a Alemanha, os jovens membros, de 12 anos de idade, foram forçados a lutar e morrer por seu país.

Hitler invadiu a União Soviética a fim de acabar com o comunismo e criar o Lebensraum (espaço de convivência) para colonos alemães, mas suas tropas, esgotadas, foram derrotadas em Stalingrado em 1943.

Adolf Hitler (1889-1945)

Em 30 de janeiro de 1945, Hitler, do seu *bunker* em Berlim, fez sua última transmissão de rádio. Em abril, a Rússia invadiu a cidade. Doente e exausto, ele admitiu a derrota. Hitler casou-se com Eva Braun e ordenou que seu cão fosse envenenado. No dia seguinte ele e Eva suicidaram-se. A herança de Hitler foi um número chocante de mortes na Segunda Guerra Mundial e o extermínio, pelos nazistas, de pessoas que eles consideravam inferiores. Hitler ordenou que matassem três milhões de poloneses não judeus, na maioria soviéticos presos de guerra. Ele incitou a violência e o ódio que levaram à morte mais de seis milhões de judeus através de execuções, fome e doença, um genocídio que ficou conhecido como Holocausto. Nas palavras de um sobrevivente, Hitler deixou a sua marca no mundo como "a encarnação absoluta da maldade".

Judeus de todas as partes da Europa foram enviados a campos de extermínio, conduzidos pela SS, onde eram assassinados, principalmente em câmaras de gás venenoso.

Hitler viveu e trabalhou no seu *bunker* subterrâneo em Berlim a partir do final de 1944. Ele tornou-se cada vez mais imprevisível. Exausto e isolado, teve que lutar contra várias tentativas de seus oficiais de tirá-lo do poder.

LIFE LINK
O cadáver de Hitler foi capturado pelo exército soviético e enterrado em Magdeburgo, Alemanha Oriental. Em 1970, Yuri Andropov, o chefe da KGB, ordenou que o corpo fosse desenterrado, cremado e as cinzas espalhadas. Andropov mais tarde promoveu Mikhail Gorbachev a líder do Partido Comunista Soviético.

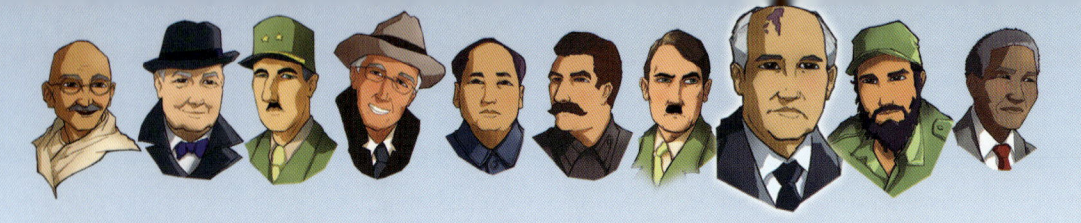

Mikhail Gorbachev

Dezenove de setembro de 1978. Quatro homens estão em uma plataforma ferroviária em Mineralnye Vody, um lugar isolado a 1800 km de Moscou. Mikhail Gorbachev, governador da província local, Stavropol, é apresentado ao presidente do seu país, Leonid Brezhnev, e ao deputado Konstantin Chernenko. Quem fez as apresentações foi Yuri Andropov, o chefe da KGB, a temida agência da polícia secreta. Em algumas semanas, Gorbachev seria conduzido a Moscou para assumir o cargo de secretário da agricultura. Uma década depois, os quatro homens detinham o poder na União Soviética.

Gorbachev nasceu em uma família de pobres agricultores. Depois da Segunda Guerra Mundial, antes de conseguir uma vaga na Universidade de Moscou para estudar Direito, ele ajudava o pai a operar uma ceifadeira. A vida não foi fácil para o novo estudante, que teve de compartilhar um quarto com outras 15 pessoas. Em 1953 casou-se com Raisa Titarenko, em cerimônia realizada no canto da sala de jantar dos estudantes.

Leonid Brezhnev (à esquerda) encontra-se com três homens, Andropov, Chernenko e Gorbachev, que o sucederiam e seriam os últimos líderes da União Soviética.

Em 1942, Gorbachev tinha 11 anos e vivia em um pequeno chalé de três quartos com sua família quando os tanques alemães invadiram Stavropol. Seu pai estava lutando no exército soviético.

Mikhail Gorbachev (nascido em 1931) — 45

Na adolescência Gorbachev trabalhava em uma grande fazenda. O verão era escaldante e o inverno, terrivelmente frio. Em 1949 ele ganhou a Ordem da Bandeira Vermelha do Trabalho, depois de ajudar a plantar e colher uma safra recorde.

Gorbachev voltou a Stavropol em 1955 e começou a trabalhar na organização do Partido Comunista, que dirigia todos os aspectos da vida na União Soviética. Foi promovido a primeiro-secretário de Stavropol, em 1970, e administrou uma região que era o lar de 2,4 milhões de pessoas. Gorbachev foi um governador esforçado e honesto, mas quase desconhecido fora de Stavropol, até que se mudou para Moscou, em 1978. Dois anos depois, com 49 anos de idade, foi promovido ao Politburo, um corpo de elite de aproximadamente uma dúzia de homens que dirigiam a União Soviética. Ele era 21 anos mais jovem do que a idade média dos outros membros.

Brezhnev, Andropov e Chernenko governaram como líderes até o início dos anos 1980. Quando Gorbachev subiu ao poder, em março de 1985, o país estava em crise. A economia tinha sido mutilada pela corrupção, pela falta de reformas e pelo alto custo da disputa militar com os EUA. A União Soviética também apoiava os governos comunistas de muitos países da Europa Oriental e lutava em uma guerra impopular e cara no Afeganistão.

Yuri Andropov e Gorbachev encontraram-se pela primeira vez em uma visita a termas minerais em Stavropol. O líder da KGB tornou-se uma força poderosa na ascensão de Gorbachev ao poder.

Gorbachev fez muito para melhorar as relações entre o Leste comunista e o Oeste capitalista. Em 1987 e 1991 ele assinou tratados com os presidentes dos Estados Unidos, Ronald Reagan e George Bush, pai, que levaram ambos os lados a destruírem milhares de armas nucleares.

Gorbachev começou a trabalhar, lutando contra a corrupção e tentando rever a política da União Soviética. Ele cortou ajuda a grupos comunistas e governos na África e em Cuba. Acabou com a guerra no Afeganistão e assinou acordos com os EUA para diminuir o número de armas nucleares. Retirou o exército soviético da Europa Oriental e incentivou os líderes daquelas nações a fazer modificações e cuidar de suas economias.

Gorbachev introduziu dois novos termos ao mundo, *Perestroika* e *Glasnost*. A *Perestroika* (reestruturação) fez grandes modificações na economia. A *Glasnost* (abertura) deu mais liberdade aos meios de comunicação e às pessoas comuns e libertou milhares de presos políticos. Em 1990, foi aberto caminho para que outros partidos políticos, além do Partido Comunista, disputassem as eleições na União Soviética. No mesmo ano ele ganhou o Prêmio Nobel da Paz.

O muro de Berlim, construído em 1961, dividia a cidade de Berlim em duas partes. Em novembro de 1989, a população começou a derrubar o muro, que era um símbolo da Alemanha dividida. Um ano depois, Gorbachev aprovou a reunificação da Alemanha Oriental e Ocidental.

Mikhail Gorbachev (nascido em 1931) 47

O povo soviético começou a exigir do Partido Comunista, que era quem governava, mais liberdade. Em virtude disso, as manifestações violentas pela independência estouraram em muitas repúblicas soviéticas.

Os elogios a Gorbachev no exterior não conseguiram mascarar o tumulto em seu próprio país. Algumas reformas falharam, a economia caminhava com dificuldade e a falta de alimentos era grande. Muitas das 15 repúblicas que formavam a União Soviética gritavam pela independência. Em 1991, poderosas personalidades soviéticas tentaram assumir o país. O golpe foi mal-sucedido. Gorbachev demitiu muitos políticos e deu mais poderes para as repúblicas, mas sua posição foi enfraquecida.

No Natal de 1991 tudo terminou. Gorbachev renunciou e um dia depois a União Soviética deixou de existir. No seu lugar estava a Rússia e outras antigas repúblicas, agora nações independentes. O tempo de Gorbachev no poder modificou muito o mundo. Na Rússia ele ainda é visto criticamente. Em 1996 ele concorreu à eleição presidencial e recebeu menos de 1,5% dos votos. No exterior, é conhecido como um político corajoso que trouxe a liberdade à Europa Oriental e deu fim à Guerra Fria.

Gorbachev foi detido em sua casa de férias durante o golpe de 1991. O golpe foi conduzido pelos chefes comunistas do exército, da polícia e da KGB.

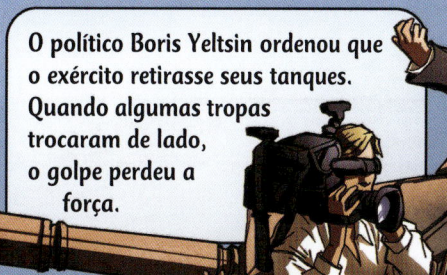

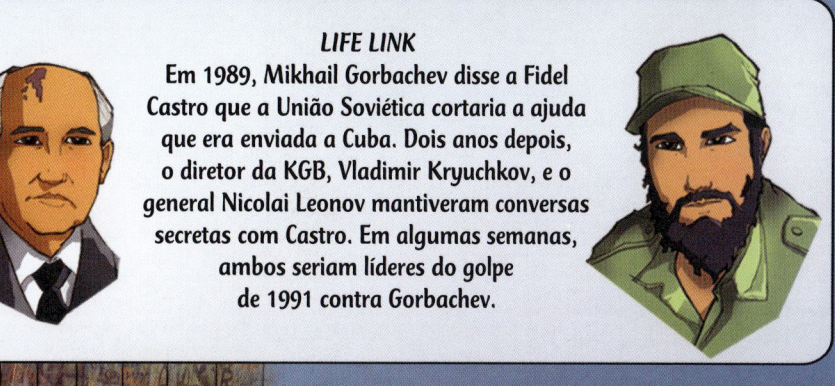

O político Boris Yeltsin ordenou que o exército retirasse seus tanques. Quando algumas tropas trocaram de lado, o golpe perdeu a força.

LIFE LINK
Em 1989, Mikhail Gorbachev disse a Fidel Castro que a União Soviética cortaria a ajuda que era enviada a Cuba. Dois anos depois, o diretor da KGB, Vladimir Kryuchkov, e o general Nicolai Leonov mantiveram conversas secretas com Castro. Em algumas semanas, ambos seriam líderes do golpe de 1991 contra Gorbachev.

Fidel Castro

Cinco de agosto de 1951. A caminho da rádio para a transmissão semanal de seu programa, Eduardo Chibás, líder do principal partido de oposição de Cuba, o Ortodoxo, pegou um revólver e disparou contra si próprio. Ele morreu em 16 de agosto. Seu suicídio tinha o objetivo de alertar a população cubana para a condição econômica de seu país e a corrupção dos seus líderes. Ele deixou um vazio no partido que um jovem e íntegro advogado, Fidel Castro Ruz, tentou preencher.

Quando criança, Castro adorava escalar montanhas. Tinha facilidade de falar em público e interessava-se por política. Em 1947, com 21 anos, juntou-se a um grupo de rebeldes em uma tentativa, fracassada, de invadir a República Dominicana e derrubar o ditador Rafael Trujillo. Três anos depois, Castro era um advogado formado em Havana, onde trabalhava para ajudar algumas das pessoas mais pobres da cidade.

Fidel Castro estudou no colégio Belém, um dos melhores de Havana, capital de Cuba. Em 1944, foi eleito o melhor atleta do colégio.

A conspiração para derrubar Trujillo foi cancelada antes que os rebeldes chegassem à República Dominicana. Fidel Castro nadou vários quilômetros por águas infestadas de tubarões para fugir da captura.

Fidel Castro (nascido em 1926) 49

Castro planejava tomar o exército de Moncada e fazer com que a população cubana lutasse contra Fulgencio Batista. Mas alguns dos carros dos rebeldes foram perdidos e o restante dos 150 combatentes foram facilmente derrotados.

Em seu julgamento em 1953, Castro expôs que queria uma Cuba livre da pobreza e sem interferência de países estrangeiros.

Fidel Castro tinha 26 anos em 1952 quando decidiu candidatar-se à eleição pelo partido Ortodoxo. Mas a votação nunca se realizou porque o general Fulgencio Batista tomou o poder. Apoiado pelos EUA, ele governou Cuba como um ditador. Em resposta, em 26 de julho de 1953, Castro reuniu um grupo de rebeldes para atacar o quartel do exército de Moncada.

Semanas depois Castro foi preso, julgado, considerado culpado e condenado a 15 anos de prisão. O ataque tinha sido um desastre. Porém, dois anos depois, foi posto em liberdade. Ele partiu para o México para formar um grupo chamado "Movimento 26 de Julho". Recrutou exilados de Cuba e da América Latina. Entre eles havia um jovem doutor argentino chamado Ernesto "Che" Guevara.

Castro e Guevara acreditavam que o único modo de derrubar Batista era utilizando a guerrilha e conseguindo o apoio do povo cubano. Castro fez planos de voltar a Cuba assim que seus aliados na ilha começassem a revolta.

Em 25 de novembro de 1956, os rebeldes de Fidel Castro partiram em um barco que havia sido projetado para 12 pessoas. Naquela noite foi lotado com 82 homens. Quando eles chegaram, dois dias depois, as forças do general Batista estavam de prontidão. Somente alguns rebeldes, incluindo Fidel, seu irmão Raúl e Che Guevara, ferido, conseguiram escapar e chegar em segurança às montanhas de Sierra Maestra.

As notícias dos rebeldes de Castro espalharam-se. O povo pobre de Sierra Maestra cuidou deles. De sua base na montanha, o grupo de Castro aumentou para poder atacar o exército de Batista com segurança. Em 1958, Castro reuniu os grupos que eram contra Batista. O general enviou milhares de soldados para atacar os rebeldes, mas algumas de suas tropas mudaram de lado. Castro chegou perto da derrota, porém conseguiu marchar em direção a Havana, vitorioso.

A viagem de duas semanas de barco, do México a Cuba, não foi fácil. Uma noite um dos homens caiu no mar. Castro arriscou ser descoberto acendendo os holofotes para resgatá-lo.

Depois de chegar à costa cubana, os rebeldes foram traídos por um guia e atacados em uma emboscada do exército de Batista. A maioria dos rebeldes foram mortos, mas Castro e Che Guevara escaparam.

Fidel Castro (nascido em 1926) 51

O governo cubano tomou o controle das refinarias de óleo americanas, na ilha. Em resposta, os EUA deixaram de comprar o açúcar cubano, o produto mais importante do país. Então, Castro tomou os bens dos americanos em Cuba. Os EUA proibiram quase todas as exportações da ilha. Em abril de 1961, cerca de 1 500 exilados cubanos, treinados pela Agência de Inteligência dos Estados Unidos (CIA), chegaram à Baía dos Porcos, na costa de Cuba. O objetivo era derrubar Castro, mas eles foram derrotados, o que fortaleceu o apoio ao líder cubano. Muitos cubanos concordavam com os discursos antiamericanos de Castro, já os críticos de seu regime foram enviados à prisão ou executados.

Em uma visita aos EUA, em 1959, Castro encontrou os líderes do Egito e da Índia, o líder dos direitos civis dos negros americanos, Malcolm X, e o vice-presidente dos Estados Unidos, Richard Nixon.

Batista fugiu em 1º de janeiro de 1959. Muitos de seus aliados foram executados e, em fevereiro, Castro tornou-se primeiro-ministro. Tinha apenas 32 anos. Ele sabia que a relação de Cuba com as duas superpotências do mundo, os EUA e a União Soviética, seria crucial. Quase ao mesmo tempo houve atritos entre Castro e os americanos.

O exército cubano capturou mais de mil homens apoiados pelos EUA na Baía dos Porcos. Para libertá-los, Castro exigiu comida e suprimentos médicos que somavam 53 milhões de dólares americanos.

As relações entre Cuba e a União Soviética eram muito amigáveis. O líder soviético, Nikita Khrushchev, começou a colocar, em solo cubano, mísseis que poderiam lançar ogivas nucleares e atingir qualquer ponto dos Estados Unidos. A tensão entre as duas superpotências quase chegou ao ponto de ruptura em outubro de 1962. Navios dos Estados Unidos rodeavam a maior parte da ilha e as forças militares de ambos os lados estavam em alerta vermelho. Durante a Crise dos Mísseis de Cuba, como ficou conhecida, o mundo chegou muito perto de uma assustadora guerra nuclear.

Uma solução foi encontrada a tempo e os mísseis foram embarcados de volta à União Soviética, assim os EUA aceitaram não invadir Cuba. Fidel Castro não esteve envolvido no acordo, mas um ano depois ele foi recebido em Moscou como um herói da União Soviética.

Um caminhão entrega uma ogiva nuclear SS4 soviética a uma base de mísseis em Cuba, a apenas 150 km da costa dos EUA.

Entre 1959 e 1962, mais de 200 mil cubanos foram para o exílio, muitas vezes fugindo da ilha à noite em pequenos barcos. Muitos deles criaram, nos EUA, um poderoso movimento contra Fidel Castro. Em 1980, outros 125 mil cubanos fugiram do país.

Fidel Castro (nascido em 1926) 53

A partir dos anos 1960, Castro começou a enviar soldados e apoio às forças rebeldes comunistas para Bolívia, Angola, Nicarágua e Gana.

Castro muitas vezes fazia discursos inflamados ao lado de seu irmão. Em 1976, uma nova constituição fez de Castro presidente.

Nos anos 1960, com a ajuda da União Soviética, Castro começou a modificar o modo de vida em Cuba. Ele criou um sistema de previdência para oferecer ensino e serviço de saúde gratuitos. Hoje, 97% dos adultos cubanos sabem ler e escrever e a expectativa de vida é de 77 anos, igual à dos EUA. Mas essa política deixou uma grande tensão na economia cubana, que quase chegou ao colapso quando a União Soviética caiu, em 1991. A ajuda soviética, no valor de seis bilhões de dólares por ano, foi cancelada, e Cuba entrou em uma longa crise econômica que ficou conhecida como Período Especial de Tempo de Paz. Chegou a faltar comida e combustível.

Com problemas de saúde, Fidel Castro entregou o poder a seu irmão Raúl em 2008. Ao redor do mundo ele é tanto amado como odiado. Ele melhorou as condições dos pobres cubanos, mas seus críticos dizem que ele proibiu eleições democráticas e mandou milhares de pessoas à prisão somente por discordar dele.

Cuba vive um tempo de incertezas. Fidel Castro manteve o poder total durante quase meio século. Tanto tempo, que quase três quartos da população cubana não conheceu nenhum outro líder.

Um dos amigos mais influentes de Castro é Nelson Mandela. Mas ele fez inimigos mortais também. Houve mais de 600 tentativas de matá-lo, muitas delas criadas pela CIA.

LIFE LINK
Fidel Castro serviu de inspiração a muitas pessoas, inclusive Nelson Mandela. Cuba foi um dos primeiros países que Mandela visitou quando saiu da prisão. Castro foi à África do Sul em 1998, quando Mandela o presenteou com a Ordem da Boa Esperança, a maior condecoração da África do Sul para estrangeiros.

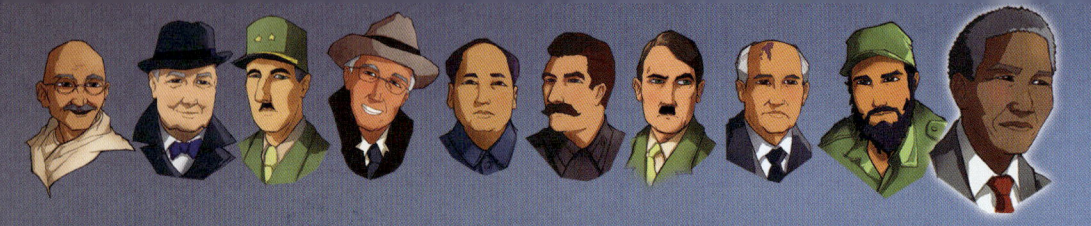

Nelson Mandela

Cinco de agosto de 1962. O motorista David Motsamai dirigia em direção a Joanesburgo quando um carro de polícia passou correndo e sinalizou para que ele parasse. O motorista escondeu seu revólver no chão do carro e observou o que havia ao seu redor. Um aterro ferroviário ao lado poderia oferecer uma rota de fuga, mas o lugar era desconhecido. Ele seria atingido por um tiro dentro de segundos. A polícia sul-africana ficou feliz. David Motsamai era somente um pseudônimo. Eles encontraram Nelson Mandela, um homem procurado há 17 meses.

Rolihlahla Mandela nasceu na pequena vila sul-africana de Mvezo. Depois que seu pai morreu, foi viver com a família do chefe Jongintaba, líder da tribo Thembu. Mandela foi para a escola e depois entrou em uma das melhores universidades, Fort Hare, mas foi suspenso por organizar uma greve entre os estudantes. Conheceu Oliver Tambo, outro grevista, e tornaram-se grandes amigos.

Mandela não pediu desculpas à universidade e recusou um casamento arranjado pelo chefe Jongintaba. Então se mudou para Joanesburgo, onde encontrou Walter Sisulu. Em 1944 Mandela, Sisulu e Tambo formaram a Youth League of the African National Congress (ANC) – Liga Jovem do Congresso Nacional Africano. Seu objetivo era fazer protestos pacíficos contra o regime racista sul-africano.

> Mandela foi preso quando voltava de uma reunião com o chefe da tribo Xhosa. Ele estava trabalhando secretamente por mais de um ano.

> Mandela era um boxeador entusiasmado. Criou um regime de treinamento puxado para se tornar cada vez melhor.

> Rolihlahla tinha 7 anos quando seu professor lhe deu o nome Nelson, em seu primeiro dia na escola.

Nelson Mandela (nascido em 1918) 55

Em 1948, a política do *apartheid* (que significa separação) virou lei na África do Sul. Essa lei implicava manter separadas as pessoas de diferentes raças. As pessoas negras e os índios foram proibidos de executar determinados trabalhos, de casarem-se com alguém de uma raça diferente e foi determinado que ônibus eles poderiam tomar. Muitas pessoas negras foram forçadas a viver em cidades fora dos grandes centros ou em áreas rurais. Essas áreas eram normalmente em regiões em que a terra era pobre para o cultivo, sem infraestrutura ou empregos.

Mandela teve participação importante na campanha do ANC, em que manifestantes, de maneira pacífica, desobedeciam as leis do *apartheid*. Foi preso muitas vezes, perseguido e proibido de fazer reuniões. Em 1956, ele e mais 150 líderes do ANC, inclusive Tambo e Sisulu, foram acusados de alta traição e de serem defensores do antiapartheid. O julgamento durou até 1961, quando todos foram inocentados. Durante esse período, Mandela ficou foragido.

Em 1952, Mandela e Tambo abriram um escritório de advocacia em Joanesburgo. Eles saíram em passeatas e assumiram os casos de muitas pessoas perseguidas pelas leis do *apartheid*.

Em 1960, a polícia matou 67 pessoas durante uma reunião contra o *apartheid* no distrito municipal de Sharpeville. No tumulto que se seguiu, o ANC foi interditado.

Durante alguns anos, Mandela e os membros do partido haviam discutido se o ANC deveria assumir uma luta armada. Em 1961, eles formaram um grupo militar para sabotar os prédios do governo. Mandela foi o comandante. Disfarçado de motorista, operário ou jardineiro, ele viajou pela África e pela Europa para conseguir apoio para o ANC.

Depois de sua captura em 1962, Mandela foi condenado a cinco anos de prisão. Mas foi julgado novamente e acusado de conspirar para derrubar o governo. Mandela e sete outros líderes do ANC, inclusive Walter Sisulu, foram enviados para uma prisão de segurança máxima na ilha Robben para cumprir prisão perpétua.

No julgamento de 1963, Mandela vestiu uma roupa típica da tribo Xhosa e disse: "Eu tenho alimentado o ideal de uma sociedade democrática e livre na qual todas as pessoas pudessem viver juntas, em harmonia e com oportunidades iguais".

Na ilha Robben, os presos eram separados por etnia. Os negros recebiam menos privilégios e menos ração. Durante o dia, Mandela trabalhava na mineração de ardósia, sob o sol forte, e costurava roupas ou sacos de correspondência. À noite, era trancado em uma cela pequena. Ele não tinha acesso a nenhum jornal, rádio ou televisão. Só lhe era permitido escrever e receber uma carta a cada seis meses e receber apenas uma visita por ano, durante apenas 30 minutos. A vida do preso 466/64 foi muito difícil. Mas Mandela não perdeu as esperanças, mesmo depois que sua mãe e seu filho mais velho morreram. Não foi permitido que ele assistisse a nenhum dos funerais.

Os membros da ala militar do ANC fogem depois de sabotar a rede elétrica. O grupo *Umkhonto we Sizwe*, que significa "Lança da Nação", foi formado em 1961 e era comandado por Mandela.

Nelson Mandela (nascido em 1918) — 57

Mandela deitava-se na sua pequena cela e sua cabeça e seus pés tocavam as paredes úmidas. O banheiro era um simples balde.

Em 1982, Mandela foi transferido para a prisão Pollsmoor, onde seus pés tocaram a grama pela primeira vez em 20 anos. As condições só melhoraram de fato em 1988, quando lhe deram uma casa na prisão Victor Verster.

O regime do *apartheid* continuou, apesar dos protestos mundiais. Muitos países proibiram o comércio com a África do Sul. Os boicotes a impediram de participar de eventos esportivos como as Olimpíadas.

A imagem de Mandela e suas palavras foram proibidas na África do Sul, mas sua influência era forte, mesmo com ele preso. O governo prometeu libertá-lo se ele abandonasse a luta contra o *apartheid*. Ele recusou dizendo: "Presos não podem firmar contratos. Somente homens livres podem negociar".

Na cadeia, Mandela começou a escrever sua autobiografia. As páginas eram copiadas com letras bem pequenas e depois contrabandeadas para fora da prisão. Quando foi pego, Mandela foi proibido de usar a biblioteca e ler livros durante quatro anos.

Mandela e outros presos, negros, na ilha Robben, eram forçados a trabalhar em silêncio. Se algum deles fosse pego conversando seria privado de três refeições como punição.

No dia em que foi libertado, Mandela e sua esposa Winnie, com quem ele se casou em 1958, foram recebidos por seus felizes apoiadores em uma grande comemoração.

Depois de 27 anos na prisão, teria sido fácil para Mandela usar seu poder para vingar-se. Em vez disso ele sonhava com uma África do Sul onde negros e brancos vivessem lado a lado e em paz. Seu governo incluiu sul-africanos negros, índios e brancos, e até partidários do *apartheid*. Ele criou a Comissão de Reconciliação e Verdade, conduzida pelo arcebispo Desmond Tutu, para investigar crimes do passado de maneira correta e honesta.

Muitos sul-africanos negros odiavam rúgbi, que era visto como um esporte de brancos. Isso mudou quando a África do Sul, aplaudida por Mandela, ganhou a Copa do Mundo de rúgbi em 1995.

Em 1989, a proibição do ANC foi suspensa pelo novo presidente da África do Sul, Frederik Willem de Klerk. Nelson Mandela foi libertado em fevereiro de 1990, com 71 anos de idade. Logo foi eleito presidente do ANC e começou a negociar com o governo para terminar com o *apartheid*. Em dezembro de 1993, Mandela e Klerk, juntos, ganharam o Prêmio Nobel da Paz, mas um evento muito mais importante aconteceu cinco meses depois. Pela primeira vez na história da África do Sul, uma eleição democrática foi realizada e todos os adultos, independentemente da etnia, puderam votar. O ANC ganhou 252 dos 400 assentos na assembleia nacional e Nelson Mandela foi eleito, tornando-se o primeiro presidente negro da África do Sul.

Nelson Mandela (nascido em 1918) 59

Mandela abraçou um dos guardas quando saiu da prisão. Esperando um terrorista com sede de vingança, muitas pessoas ficaram surpresas com o homem inteligente e gentil que encontraram.

Em 1999, Mandela deixou a presidência. Em vez de se aposentar tranquilamente, iniciou campanhas para melhorar a educação dos pobres no mundo e combater a AIDS. A doença devastou a África, matando mais de 20 milhões de pessoas e deixando outros milhões seriamente doentes ou órfãos. Em 2005, o filho de Mandela, Makgatho, morreu da doença.

Sua presidência não foi perfeita. Ele ordenou a invasão de Lesoto e fez alianças com líderes polêmicos, como o coronel Kadafi, da Líbia. Mandela até admitiu que seu governo poderia ter feito mais para combater a AIDS e a pobreza. No entanto, sua dedicação para a criação de uma África do Sul unida e sua disposição de perdoar as pessoas que o mantiveram na prisão fizeram dele um herói para milhões de pessoas.

Mandela mostra ao presidente dos Estados Unidos, Bill Clinton, a sua velha cela na ilha Robben. Ele passou muito tempo restaurando a imagem da África do Sul no mundo e ajudou a restabelecer as relações esportivas e culturais com outras nações.

Mesmo aposentado, Mandela ainda faz campanhas para caridade e escolas. Em 2007, ele passou a fazer parte de um grupo de estadistas, ao lado de Kofi Annan, o ex-chefe das Nações Unidas, cujo objetivo é "levar esperança onde há desespero".

Outros líderes famosos

Benito Mussolini (1883-1945)
O italiano Benito Mussolini chegou ao poder em 1922, como líder do Partido Fascista, prometendo um retorno às glórias da antiga civilização romana. Ele vangloriava-se de que a Itália tinha ganhado um novo império quando invadiu a Líbia, a Etiópia, a Eritreia e a Albânia nos anos 1930. Durante a Segunda Guerra Mundial, Mussolini fez uma aliança com Adolf Hitler. Mas o exército italiano foi rapidamente repelido pelos aliados, e as forças alemãs tiveram de resgatá-lo em 1943. Dois anos depois, Mussolini foi capturado e executado por membros da resistência italiana.

John F. Kennedy (1917-1963)
Inteligente e carismático, John Fitzgerald Kennedy foi eleito o presidente mais jovem dos EUA em 1960. Ele ordenou a invasão da Baía dos Porcos em Cuba (ver a página 51) e enviou militares para apoiar o Vietnã do Sul na guerra contra o comunista Vietnã do Norte. Kennedy e o líder soviético Nikita Khrushchev estiveram à beira de uma guerra nuclear durante a Crise dos Mísseis de Cuba, em 1962. Um ano depois ele foi morto a tiros enquanto desfilava em carro aberto em Dallas, no Texas, um evento que espalhou uma onda de choque ao redor do mundo.

Outros líderes famosos **61**

Margaret Thatcher (nascida em 1925)
Ex-química e advogada, Margaret Thatcher tornou-se membro do parlamento do Partido Conservador em 1959. Vinte anos depois, foi a primeira mulher a assumir o cargo de primeiro-ministro da Grã-Bretanha. A "Dama de Ferro", como era conhecida por seu estilo dominante de liderança, ganhou três eleições sucessivamente. Em 1982, conduziu a Grã-Bretanha em uma guerra contra a Argentina pelo domínio das Ilhas Falkland. Com problemas econômicos e divergências dentro do próprio partido, ela deixou o cargo em 1990.

Saddam Hussein (1937-2006)
Saddam tornou-se líder do Iraque em 1979. No ano seguinte ele comandou a invasão do Irã, provocando a guerra Irã-Iraque. Um exército internacional liderado pelos EUA retirou as forças iraquianas do Kuwait depois de sua invasão em 1990. Saddam era considerado herói para alguns no Ocidente, mas para muitos ele era um ditador cruel, que oprimia os grupos minoritários. Em 2003, forças lideradas pelos EUA invadiram o Iraque e capturaram Saddam. Ele foi considerado culpado por crimes de guerra e enforcado em 2006.

Glossário

Aliados Eram assim chamadas as nações que lutaram contra a Alemanha, a Itália e o Japão durante a Segunda Guerra Mundial.

Apartheid Política oficial, na África do Sul, que mantinha separadas as pessoas de etnias diferentes e tratava os não brancos de maneira injusta.

Boicote Fazer um protesto recusando-se a comprar produtos ou manter relações com pessoas, organizações ou países.

Campo de concentração Uma prisão onde prisioneiros não militares eram mantidos.

Capitalismo Sistema econômico no qual a propriedade é possuída por indivíduos e não pelo Estado, e no qual existe liberdade de comércio e indústria objetivando lucro.

Colônia Um território fundado por um grupo de pessoas de um país distante, e que é governado por aquele país.

Glossário 63

Comunismo Sistema de governo baseado na teoria de que o Estado controla a economia, e no qual a riqueza e as mercadorias são distribuídas de maneira igualitária entre a população.

Comunista Descreve um sistema político e econômico baseado na teoria da igualdade social.

Corrida armamentista Uma competição entre duas ou mais nações para ter o exército mais numeroso e as armas mais poderosas.

Democracia Descreve um sistema de governo em que a população de um país elege seus líderes.

Ditador Líder que tem o controle total de um país, que normalmente não é eleito pelo povo e governa pela força.

Genocídio Extermínio deliberado de um grupo étnico ou religioso.

Golpe de Estado Tentativa súbita de derrubar um governo, muitas vezes pela força.

Guerra Fria Situação de hostilidade, sem guerra real, entre a União Soviética e os EUA (e os aliados de ambos os países) que durou do fim da Segunda Guerra Mundial até o início dos anos 1990.

Guerrilha Tipo de guerra na qual pequenos grupos de rebeldes fazem ataques de surpresa.

Perseguição Tratamento injusto, muitas vezes por causa de crenças políticas ou religiosas.

Regime Um determinado tipo de governo ou sistema de governo.

Resistência Na guerra, uma organização ilegal que luta para pôr em liberdade um país que foi invadido por outros.

União Soviética País comunista que existiu entre 1922 e 1991, composto pela Rússia e 14 outras repúblicas.

Sistema previdenciário Sistema no qual o governo cuida do bem-estar dos cidadãos como: saúde, educação, moradia etc.

Superpotência País extremamente poderoso.

Índice

África do Sul 6, 10, 55–9
Alemanha 39–43
Alemanha Ocidental 19, 46
Alemanha Oriental 36, 46
Aliados 14, 17, 18, 24, 36, 42, 62
Andropov, Yuri 43, 44, 45
Apartheid 55, 57, 62
Armas nucleares 18, 19, 46, 52
ANC 54, 55, 56, 58
Áustria, 39, 42

Batista, General Fulgencio 49, 50–1
Blitz 14
Bolcheviques 33, 34
Brezhnev, Leonid 44, 45

Campos de concentração 42, 43, 62
Castro, Fidel 47, 48–53
Castro, Raúl 50, 53
Chernenko, Konstantin 44, 45
Chiang Kai-shek 25, 27–8, 29
China 18, 25, 26–31
Churchill, Winston 9, 10–15, 17, 25, 36

CIA 51, 53
Comunismo 14, 33, 36, 39, 40, 41, 42, 45, 46, 53, 63
Cortina de ferro 14
Crise de Mísseis Cubana 52, 60
Cuba 11, 46, 47, 48–53, 60

de Gaulle, Charles 15, 16–19
de Klerk, Frederik Willem 58
Deng Xaoping 31
Direitos Civis 6, 51

EUA 14, 18, 20–5, 40, 42, 46, 49, 51, 52, 60, 61

França 16–19, 42
França Livre 15, 17, 19

Gandhi, Mohandas 4–9
Gangue dos Quatro 31
Geórgia 32–3
Gestapo 41
Glasnost 46
Goebbels, Josef 41
Golpe da Cervejaria 40
Gorbachev, Mikhail 43, 44–7
Göring, Hermann 41
Grã-Bretanha 12–15, 16, 17, 24, 42, 61
Grande Depressão 22, 40
Grande Expurgo 35–6, 37
Grande Marcha 28, 31
Grande Salto Adiante 30
Guardas Vermelhos 30

Guerra Bôer 6, 10
Guerra Fria 14, 45, 47, 63
Guevara, Ernesto "Che" 49, 50
Gulags 35, 36

Himmler, Heinrich 41
Hindu 5, 7, 8–9
Hitler, Adolf 12, 37, 38–43, 60
Holocausto 43
Howe, Louis 20, 21, 24

Ilha Robben 56, 57, 59
Independência 8, 18, 31, 47
Índia 4–9, 11

Japão 24–5, 28
Jinnah, Mohammad Ali 8
Judeus 39, 40, 42, 43

Kennedy, John F. 60
KGB 43, 44, 47
Khrushchev, Nikita 52, 60
King, Martin Luther 9
Kirov, Sergey 35
Kuomintang 27–8

Lenin, Vladimir 32, 33, 34
Liu Shaoqi 31
Livro Vermelho 30

Mandela, Nelson 9, 53, 54–9
Mao Tsé-Tung 18, 25, 26–31
Mein Kampf 40
Muçulmanos 7, 8–9
Muro de Berlim 46
Mussolini, Benito 60

New Deal 22–3
Noite das Facas Longas 41

Partido Comunista Chinês 27–9, 31
Partido Comunista Soviético 32, 34, 36, 43, 45
Partido Nazista 16, 39, 40–3
Pearl Harbor 24–5
Perestroika 46
Pétain, Philippe 16
Polônia 13, 16, 36, 42, 43
Primeira Guerra Mundial 16, 39

Racismo 6, 39, 40, 43, 54–5, 56, 57
Revolução Cultural 30–1
Roosevelt, Eleanor 21, 22
Roosevelt, Franklin D. 14, 15, 19, 20–5, 36
Rússia 16, 32–4, 47
veja também União Soviética

Saddam Hussein 61
Segunda Guerra Mundial 12,13,14,16,17, 18, 36, 37, 38, 42–3, 44, 60
Sisulu, Walter 54, 55, 56
SS (Schutzstaffel) 41, 43
Stalin, Josef 14, 25, 29, 31, 32–7
Stalingrado 36, 42

Tambo, Oliver 54, 55
Thatcher, Margaret 61
Trotski, Leon 34

União Soviética 14, 18, 24, 29, 34–7, 42, 44–7, 51, 52, 53, 63
veja também Rússia

Von Stauffenberg, Claus 38

Yeltsin, Boris 47

Impressão e acabamento
Gráfica Eskenazi